JN064082

会 計 学 の 基 本
（第3版）
―基礎から現代の会計―

加藤 盛弘／志賀 理／上田 幸則／川本 和則
山内 高太郎／豊岡 博／陶 静／内田 浩徳
著

東 京 森 山 書 店 発 行

第3版はしがき

　これがなければ会計とは言えないもの，すなわち会計の根本は何かといえば，損益計算書と貸借対照表の作成と公表であると考える。

　会計は，①ある期間中に発生する収益と費用との差額としての利益と，②その期間の初めと終わりに存在する純財産（資産―負債）の増減としての利益，の両面から利益を計算し，その両者の一致をもって利益計算の正確性を検証するシステムである。前者の側面からの利益計算がフローによる（原因側からの）利益計算であり，後者の側面からの利益計算がストックによる（結果側からの）利益計算である。フローによる利益計算は損益計算書によって行われ，ストックによる利益計算は貸借対照表によって行われる。

　したがって，損益計算書と貸借対照表に盛られる諸要素（費用，収益，資産，負債，資本）や，その諸要素を構成する具体的な諸項目（売上とか，退職費用とか，リース資産とか）の定義や認識・測定の基準や方法が変われば，利益計算の内容は変わり，利益の金額は変わることになる。それゆえ会計基準の内容，その変化は重要な意味を持つ。

　財務諸表の諸項目の内容と金額は財務諸表作成者の自由な判断によって決めることはできない。それでは財務諸表の正当性に対して信頼が置けないからである。財務諸表に何を，どのような金額で，いつ，計上するかを規定しているのが会計基準である。

　本書は損益計算書と貸借対照表に計上される諸要素・諸項目の定義と，その認識と測定の方法について，今日の会計基準に則して分かりやすく説明するものである。

　ところで，会計基準は歴史的に変化し，豊富化し，複雑化している。たとえば「会計法規集」はここ30年くらいの間に，3〜4倍くらいにページ数を増やしているし，アメリカの会計基準である「Financial Accounting Standards」の増大化はさらに著しい。30年ほど前には1,000ページたらずのものが1冊であったが，今日では3冊となり，合計ページ数は5,000ページ程度に増加している。しかも量的な増加だけではなしに，内容的にも複雑化している。アメリカでは1970年代から，日本でも1990年頃から，リース会計や退職給付会計など，将来予測事象を取り込んだ新しい会計基準が次々と設定されてきている。

　現代の会計学の内容はそのように豊富化し，複雑化している。大学の会計教育はそのような状況に対応する必要がある。

　ところで今日，大学の学年歴は2学期制が多い。通年ではなしに半期で授業を完結し，

評価をすることになっている。会計学の授業も，ほとんどの大学で，かつては1年間で講義していたものを半期で完結することが求められている。量的に著しく豊富化し，内容的にきわめて複雑化した内容のものもある程度含めてである。本書はそのような会計基準の変化と大学の授業制度の状況に対応するための会計学教科書作成の新しい試みである。

　本書は大学の授業が通常15回で完結するという制度条件のもとで，会計学を初めて学ぶ人に対しても，さらに現代の新しい会計に関心を持つ人（会計学のゼミや，すでに一通り会計学を学習した人）に対しても応えられるように考えてみた。

　第一に，各章をほぼ1回で学習することにより半期で会計学の基本的な領域を学び終えるように配慮した。次に，教科書を左ページと右ページに対応させる形式をとり，左ページでは会計学を初めて学ぶ人であることを前提として，基礎的，基本的な説明をしている。したがって初級クラスの授業では左ページを中心に学ぶことによって，春学期または秋学期の半期で会計学の基本を学べるようにしている。

　さらに右ページには，左ページによる基本説明の，　解　説　・　補　足　・　研　究，などを配している。左ページの説明を補充する　補　足　であり，発展させる　解　説　である。具体的な例で解りやすく補足説明をしたり，内容を歴史的に，またより発展的に解説したりしている。さらにまた　研　究　では，ほとんどの新しい現代会計の複雑な内容，あるいは理論的・概念的な内容を取り上げて解りやすく説明している。

　したがって，右ページは左ページで学習した内容の理解の補充のために，またより詳しい内容を知りたい人，ゼミなどでより高いレベルでの学習を目指す場合，あるいはまた，現代の新しい会計に関心を持つ人のレベルを上げた学習のために，それぞれの状況にあわせて弾力的に活用していただきたいと考える。すなわち，クラスの状況や学習する人の知的な関心に応じて活用していただきたいと願っている。

　わたくしたち執筆者は大学での簿記や会計の教育に携わってきた者である。その経験の中で感じたもの，必要に迫られたものが本書執筆の動機となっている。本書が今日の会計環境と会計教育の状況に見あい，些かなりとも貢献するものであることを願っている。

　第3版では，全体的な改訂を行い，「第12章収益の認識と測定」を企業会計基準第29号「収益認識に関する会計基準」に対応させたほか，第3章として「概念フレームワークにおける会計観」を増補した。

2022年初春

執筆者代表　加　藤　盛　弘

本書の使い方

　本書は，一般の書物とはまったく異なり，左側のページと右側のページが独立している
という形式となっている。したがって，まず，本書の形式，構造をよく理解したうえで，
本書を読んでいただきたい。

●左側のページ

　左側のページは，会計学の基礎的，基本的な項目を説明している。会計学を初めて学ぶ
人は，左側のページを中心に学習することによって，会計学の基礎を修得することができ
る。

●右側のページ

　右側のページは，| 解 説 |・| 補 足 |・| 研 究 |から構成されている。会計学を学ぶ
人のレベルや目的に応じて，活用していただきたい。

　| 解 説 |は，左側に書かれている内容や設例の理解を助けるために，わかりやすく解説
を加えているもの，あるいは，理解を深めるために発展的に解説を加えているものであ
る。したがって，会計学を初めて学ぶ人は，必ず参照していただきたい部分である。

　| 補 足 |は，左側に書かれている内容を直接に解説するものではないが，それに関連す
る事柄を補足説明しているものである。

　| 研 究 |は，左側に書かれている内容に関連して，さらに高度で複雑な取引の処理方法，
あるいは新しい現代会計の内容を説明しているものである。ゼミなどでより高いレベルの
会計学の学習を目指している人には，ぜひ参照していただきたい部分である。

●左側ページと右側ページの対応

　たとえば，左側ページの本文中の（**解説**1［R−8］）という表記は，左側のその表記がある部分の内容について，「右側（Right）の8ページに記載されている 解　説1 でさらに解説が加えられているので参照すること」ということを表している。

　また，（**研究**2［R−25］）という表記ならば，左側のその表記がある部分の内容に関連して，「右側（Right）の25ページに記載されている 研　究2 で高度な内容（新しい現代会計や複雑な取引の処理方法など）を説明しているので参照すること」ということを表している。

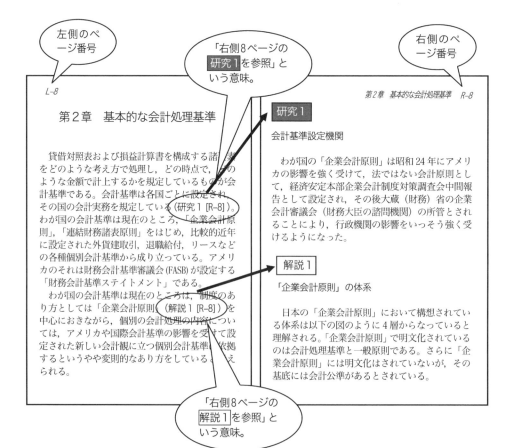

目　　次

Ⅰ　会計の基本的な仕組み

Ⅱ　資　　産

Ⅲ　負　　債

第8章 固 定 負 債 ……………………………………………… *L-52*

第9章 引 当 金 ……………………………………………… *L-57*

Ⅳ 資本 (純資産)

資本 (純資産) の会計上の意味と分類 ……………………………… *L-63*

V　収 益 と 費 用

Ⅵ　キャッシュ・フロー会計

i

会計学の基本―基礎から現代の会計―　　右ページの目次

I　会計の基本的な仕組み

Ⅱ　資　　産

Ⅳ　資　　本（純資産）

Ⅴ　収 益 と 費 用

Ⅵ　キャッシュ・フロー会計

I　会計の基本的な仕組み

貸借対照表

資　　　　　産	負　　　　　債
	期　首　資　本 （期　首　純　資　産）
	当　期　純　利　益

損益計算書

費　　　　　用	収　　　　　益
当　期　純　利　益	

第 1 章　会計計算の基本的な構造

1　会計における利益計算の仕組み

　会計は，①ある期間中に発生する収益と費用の差額としての利益と，②その期間の初めと期間の終わりに存在する財産を比較することによって得られる利益，との両面から利益を計算し，その両者の利益の一致によって，利益計算の正確性を検証するシステムである。前者①の側面からの利益計算をフローによる利益計算といい，後者②の側面からの利益計算をストックによる利益計算という（**解説1** ［*R-1*］）。フローによる利益計算は損益計算書によって行われ，ストックによる利益計算は貸借対照表によって行われる。

　フローによる利益計算とストックによる利益計算が一致する理由は，ある期間中の収益および費用（たとえば，商品売買による収益・費用）の発生が財産の増減として結果されるからである。このことをさらに詳述しよう。

　フローによる利益計算は，次のような算式によって行われる。

$$収益 - 費用 = 利益$$

　この側面からの利益計算を行う計算書が損益計算書である。

　いま，現金900円で仕入れた商品を現金1,000円で販売して，100円の利益を得たとする。これはいわば利益を生み出す要因（原因）側からの計算である。それを，損益計算書の様式で示すと以下のようになる。

解説 1

フローによる計算とストックによる計算

　フローによる計算はいわば原因側からの計算であり，ストックによる計算は結果側からの計算である。いま，それを水槽と小遣帳を例に説明しよう。

A　水槽の例による説明

○フローによる計算：水槽に計量器をとりつけ，その流入量と流出量を測定して，増減量を計算する。

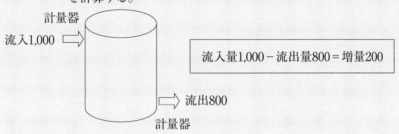

流入量1,000 − 流出量800 ＝ 増量200

○ストックによる計算：2時点の水量を測定し，その差によって増減量を計算する。

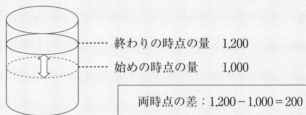

終わりの時点の量　1,200

始めの時点の量　　1,000

両時点の差：1,200 − 1,000 ＝ 200

損益計算書

費　用 （売上原価） 900	収　益 （売　　上） 1,000
利　益 100	

ストックによる利益計算は，次のような算式によって行われる。

$$期末純財産 - 期首純財産 = 利益$$

上記の算式を書き換えると，次のようになる。

$$期末資産 - 期末負債 - 期首資本（期末元入れ資本） = 利益$$

これは取引の結果として存在する財産の側からの計算である。この側面からの利益計算を行うのが貸借対照表である。

上記の商品売買を行った企業の期首（期間初め）の財政状態が，資産2,900円，負債1,400円，純財産（資本）1,500円であったとすると，その売買取引による利益100円は貸借対照表では左側の資産（現金）を100円増加させ，貸借対照表上での利益を100円増加させることになる。売買取引後の貸借対照表は以下のようになる。

貸借対照表

資　産 3,000 （2,900 + 100）	負　債 1,400
	資　本 1,500
	利　益 100

このように，さきの商品の売買による損益計算書での利益100円は，貸借対照表では左側の資産（現金）に反映され，資産を100円増加させ，貸借対照表上での利益を100円増加させることになる。かくして，次のようになる。

$$損益計算書の利益100円 = 貸借対照表の利益100円$$

B 小遣帳による説明

日々の小遣いの収入と支出を下記のような小遣帳に記帳したとする。

小遣帳

日 付	摘 要	収 入	支 出	残 高
1	前月繰越	100		100
2	＊＊＊	＊＊＊		＊＊＊
3	＊＊＊		＊＊＊	＊＊＊
4	＊＊＊	＊＊＊		＊＊＊
⋮	⋮	⋮	⋮	⋮
30	＊＊＊		＊＊＊	300
	合 計	1,400	1,100	

○フローによる計算：小遣帳の収入と支出から以下のような計算ができる。

当期収入1,300（1,400－100）－当期支出1,100＝収支差額200

○ストックによる計算：小遣帳の現金残高から以下のような計算ができる。

月末現金有高300－月初現金有高100＝現金有高の増加額200

このように，フローの側からの計算とストックの側からの計算は，物事（事象）の原因・結果の両面からの計算であり，会計はそれを利益計算の方法として用い，両者の一致によって，利益計算の正確性を検証するシステムとしている。

　この，フローとストックによる計算，および両者の計算の関係を，簡単な例によってさらに説明しよう。

　　　①　期首の財産：現金1,000万円，資本金1,000万円

　　　②　1個100万円の商品7個を現金で購入

　　　③　上記商品5個を，1個150万円にて現金で販売

　　　④　X社の株式1,000株を300万円で購入し，現金で支払う。

○フローによる利益計算（損益計算書：収益－費用＝利益）

　　　　　　　売上750－売上原価500＝利益250

損益計算書

費　　用 （売上原価） 500	収　　　益 （売　　上）
利　　益 250	750

○ストックによる利益計算（貸借対照表：期末純財産－期首純財産＝利益）

期末財産の計算

　　　現　　　金　（1,000－700＋750－300＝750）　　　750
　　　商　　　品　　　　　　　　　　　　　　　　　　　200
　　　有価証券　　　　　　　　　　　　　　　　　　　　300
　　　　　　　　　　　　　　　　　　　　　　　　　1,250 ＊

　　　　　　＊負債が無いので期末財産がそのまま純財産となる。

　　　　　資産1,250－期首資本金1,000＝利益250

貸借対照表

現　　　金　750 商　　　品　200 有価証券　300	資本金 1,000
	利　　　益 250

　このように，損益計算書と貸借対照表とが期間利益を計算するための基本的な計算書＝財務諸表となる（**解説2　[*R-3*]**）。

解説2

基本財務諸表

　会計では貸借対照表と損益計算書によって利益および財政状態を計算・表示してきたので，この二つの計算書が伝統的に基本財務諸表とされてきた。しかし，アメリカでは早くから，キャッシュ・フロー計算書が証券取引委員会（SEC）への届出書類に含められていたし，日本でも近年，連結財務諸表に連結キャッシュ・フロー計算書が含められ，また，今日では，金融商品取引法の規定にもとづいて提出される財務計算に関する計算書類の中に，貸借対照表，損益計算書，株主資本等変動計算書とともに，キャッシュ・フロー計算書も含められるにいたった。このことを考えると，今日では，キャッシュ・フロー計算書も第三の基本財務諸表を構成する位置にあるものと考えられる。

解説3

原価主義と未実現利益の排除

　フローによる利益計算とストックによる利益計算との整合性を図るにあたって，保有資産（および負債）の価格変動を考慮しないということは，資産の評価方法については原価主義を採り，収益の認識については販売（売却）するまでは収益を計上しないという実現主義を採ることになる。それは資産の保有中に生ずる価格上昇による利益を，未実現利益（まだ売却によって実現するには至っていない利益）であるとして，利益とは認めないことを意味する。

　たとえば，保有している株式がどんなに値上がりしても，あるいはまた，会社が過去に取得し，保有している土地がどんなに値上がりしても，それは未実現利益であるとして会計上利益には計上しないことを意味する。

研究1

財務諸表要素の定義

　財務諸表の基本的な構成要素は資産，負債，資本，収益，費用（およびそれらの差額としての利益）である。これらの要素をどのように定義するかによって財務諸表，すなわち会計で認識・計上されるもの（取引および事象）の内容は変わってくる。いま，資産を従来の定義よりも拡大すれば，それまで計上されなかった項目が計上されるようになるであろうし（たとえば，リース資産），また負債の定義を変更して広くすれば，従来計上されていなかった負債が新たに計上されることになる。あるいは，従来資本の性質を持つものと定義されていたものを，負債と定義するようになれば，資本は減少し，負債は拡大する

2　フローとストックの利益計算が一致するための前提

　フローとストックのそれぞれの側面からの計算は，いわば利益を生み出す要因（原因）の面からの計算とその結果の面からの計算であり，両者の計算が一致するのは当然のように思える。たとえば，水槽の例のように，流入量と流出量を測ることによって行われるフロー計算と，流入・流出の結果として存在する水槽の中に残る水量（ストック）の差（増減）を測るストック計算は一致するはずである。しかし，このような水量を測るという物理的な場合でも，水槽の中で自然蒸発が無いとか，水漏れが無いなどの前提が必要である。ところが，収益と費用を測り，その結果増減するストックとしての財産量を測り，両者の一致を検証しようとする会計計算の場合には，扱う経済的事象が同性質でなければならないという，もっと重要な前提が必要である。

　簡単な例によって考察しよう。

- ①　期首財産：現金1,000万円，資本金1,000万円
- ②　1個100万円の商品7個を現金で購入
- ③　上記商品5個を，1個150万円にて現金で販売
- ④　X社の株式1,000株を300万円で購入し，現金で支払う
- ⑤　期末時点の商品の時価は1個130万円
- ⑥　期末時点のX社株式の時価は1,000株350万円

		原　価	時　価	評価差額
期末資産価額：商　品（1個）		100	130	$30 \times 2 = 60$
株　式		300	350	50

　経済社会においては企業が所有する資産や負債の時価は上がったり，下がったりする。その価格変動を利益計算に反映させるかどうかによって，状況はまったく変わってくる。

　上の例において資産の価格変動を考慮せずに計算する方式によれば，下記のA-1，B-1のようになるし，逆に価格変動を考慮に入れる方式によれば，A-2，B-2のようになる。

　A フローによる利益計算（損益計算書：収益－費用＝利益）

　A-1（価格変動を反映させず）：

　　　売上750 － 売上原価500 ＝ 利益250

　A-2（価格変動を反映）：

ことになる。

　借方側での資産の増大は貸方側では収益の増大か，負債または資本の増大となる。資産は償却を通じて将来の費用の増大となるので，貸方側が収益となれば，当期利益の増大となるが，貸方側が負債または資本となれば，将来費用の増大となる。

　また，貸方側の負債の増大は借方側で費用の増大か，資産の増大となる。資産は将来費用の増大となるので，負債の増大は当期費用の増大か将来費用の増大となり，利益にマイナスに作用することになる。

　このように財務諸表要素の定義の変更は，ほとんどの場合，究極的には，利益の増減に影響を与える。それは単純化して示せば，図のように貸借対照表あるいは損益計算書の構成要素を増減させ，差額としての利益に影響を与えることになる。

売上750－売上原価500＋評価差益110（60＋50）＝利益360

Ｂ ストックによる利益計算（貸借対照表：期末純財産－期首純財産＝利益）

<u>財産（資産）価額の計算</u>

	原　価	時　価
現　　金（1,000－700＋750－300＝750）	750	750
商　　品	200	260
有価証券	300	350
合　計	1,250	1,360

B-1（価格変動を反映させず）：

期末純財産1,250－期首資本金1,000＝利益250

B-2（価格変動を反映）：

期末純財産1,360－期首資本金1,000＝利益360

したがって，フロー（損益計算書）による利益計算では価格変動を無視し，ストック（貸借対照表）による計算では価格変動を考慮するというようなことでは，両者の利益は一致しない。

さらに，もっと複雑な問題がある。それはある期間の企業の経済行為が，将来にもたらす影響（たとえば，商品を掛売りすることによって生ずるかもしれない将来発生する貸し倒れや，企業活動を行う過程で生ずる環境汚染のリスク）をどの期間で費用＝損失として認識するかという問題である。これらの複雑な問題は，当面，考慮外としよう。

フローとストックによる両者の計算は価格変動を考慮に入れるか入れないか，というように，同一の前提のもとで計算しなければならないのである。

企業会計は，伝統的に，基本的にはA-1とB-1の組み合わせによって行われてきた。つまり，価格の上への変動は考慮に入れないという方式をとってきた。換言すれば，資産の評価については原則として，時価評価を廃して原価主義を採り，資産の時価上昇による評価益＝未実現利益（**解説3** ［**R-3**］）（この例では110）の計上は排除する方式をとってきた。収益については収入にもとづく計上を基本として，費用については支出（取得原価）の配分による計上を基本とすることによってストック（貸借対照表）による計算をする，との前提を採ってきた。

しかし近年では，資産および負債項目に部分的に時価評価が導入されてきており，この組み合わせに重要な変更が加えられつつある。

　また，財務諸表要素の定義の仕方は，さらにはそれら要素あるいは項目（項目は財務諸表の要素を構成するものを言い，たとえば，現金とか建物とか，借入金とか）の認識の時期や金額の測定にも影響を与えることになる。

　アメリカの会計基準設定機関である財務会計基準審議会（FASB）は，1980年に財務会計概念ステイトメント第3号『企業の財務諸表の要素』を公表し，その内容は基本的に同概念ステイトメント第6号『財務諸表の要素』（1985年）に引き継がれた。

　FASBはその概念ステイトメントにおいて，資産，負債，持分（営利企業）あるいは純資産（非営利組織），収益，費用，利得，損失，所有主による投資，所有主への分配，および包括利益という10の財務諸表要素について，新しい定義を与えた。その定義は，資産を「いまだ費用として配分されていない原価」，すなわち「残留原価」とか「未費消原価」とみる従来の会計観（ペイトン・リトルトン『会社会計基準序説』1941年）を廃し，資産を「**将来経済便益**」，負債を「**将来経済便益の犠牲**」，持分をその差額と見る新しい会計観にたつものであった。この考え方を重要なよりどころとして，近年，新しい会計基準が次々と設定され，会計領域（とりわけ負債会計領域）は著しく拡大されている[R1]。

　日本においても，会計基準の国際化のなかで，2004年に企業会計基準委員会（ASBJ）のワーキンググループによって討議資料『財務会計の概念フレームワーク』が公表され，FASBの財務諸表要素の定義に基本的に類似する新しい定義が，財務諸表要素に対してなされている。（なお，本討議資料は修正が加えられ，2006年に正式に公表された）

3 利益計算の構成要素

　上述のように，会計上の利益計算は，フローの側面から利益を計算する損益計算書と，ストックの側面から利益を計算する貸借対照表によって体系的に行われる。利益の増加にプラスに作用する計算要素（**研究1 ［*R-3*]**）は収益であり，資産である。マイナスに作用する要素は費用であり，負債と資本である。利益のプラスに作用する要素が大きく計上されれば，利益は増加するし，利益のマイナスに作用する要素が大きく計上されれば，利益は減少することになる。したがって，どのような会計上の取引あるいは事象を両計算書の計算要素を構成するものとして認識するか，また，それらの要素をどのように測定するかが利益の計算に大きな影響を与えることになる。言い換えれば，何が財務諸表の諸要素を構成するものと定義するか，その認識・測定の基準をどのように定めるかによって会計上の利益計算は大きな影響を受けることになる。つまり，損益計算書要素である収益と費用を，そして貸借対照表要素である資産，負債および資本を，どのようなものとして定義し，どのように認識し，測定するかがきわめて重要になる。

　財務諸表の構成要素の定義の内容と，その認識・測定の方法は，物理的測定尺度のように固定した物ではなく，歴史的に変化してきた。その変化をもたらす根底には会計目的の変化（**研究2 ［*R-6*]**）があると考えられる。

　会計学の主要な学習および研究の内容は，それらの財務諸表構成要素の定義の内容と，その認識・測定の基準およびその具体的方法の理解にあるといえよう。本書の以下の諸章ではそれらの定義の内容，認識・測定の基準について具体的に考察する。

　このような定義の変更は，まさに新しい会計実務の出現に応え，それを支えるものである。

研究2

会計目的とその変化

　会計はフローとストックの両面から利益を計算することを基本構造としながらも，そこに盛られる内容，すなわち，資産，負債，資本，収益，費用の内容とその認識領域（計上する範囲），およびその認識の時期および測定基準を変化させてきた。そのことによって，計上される利益の質と金額は変化してきた。それではそのような会計の変化はなぜ起きるのか。

　それを規定するものは会計実務の変化であろう。今まで会計の認識対象とされていなかった取引あるいは事象への認識領域の拡大であり，変更である。そのことがそれらの認識を可能にする会計基準と，さらにその会計基準を支える新しい会計理論の形成を必要とし，必然化するものと考える。その新しい会計理論の形成において中心に位置するものが会計目的の変化である。

　会計目的は歴史的に以下のように変化してきたといわれる。

　　債権者保護のための企業の財政状態の計算

　　投資家保護あるいは利害調整のための企業の収益力計算（ペイトン・リトルトン『会社会計基準序説』，黒澤清『財務諸表論』）

　　投資意思決定に有用な会計情報の提供（アメリカ会計学会『基礎的会計理論の表明』，アメリカ財務会計基準審議会「財務会計概念ステイトメント」第1号『企業の財務報告の目的』）

　会計基準として設定される会計処理基準はこのような会計理論の変化に支えられ，それにともなって変化してきた。しかも今日，会計基準は一国の範囲にとどまることなく，グローバル化＝国際的に統一化することが重大な課題となっている。

注
（R1）加藤盛弘『負債拡大の現代会計』森山書店，2006年。

第2章　基本的な会計処理基準

　貸借対照表および損益計算書を構成する諸要素，さらには第三の財務諸表といわれるキャッシュ・フロー計算書の諸項目をどのような考え方で処理し，どの時点で，どのような金額で計上するかを規定しているものが会計基準である。会計基準は各国ごとに設定され，その国の会計実務を規定している。わが国の会計基準は現在のところ，企業会計審議会から公表された「企業会計原則」（昭和24年設定，昭和57年最終改正），「連結財務諸表原則」（昭和56年設定，平成9年最終改正）をはじめ，比較的近年に設定された外貨建取引，退職給付，リースなどの各種個別会計基準，および財務会計基準機構のもとにある企業会計基準委員会（ASBJ）より公表される「企業会計基準」の各号から成り立っている。アメリカのそれは財務会計基準審議会（FASB）が設定する「財務会計基準ステイトメント」（Statements of Financial Accounting Standards）である（現在では，それらのステイトメントをまとめたAccounting Standards Codificationが会計実務を規定している）（**研究1** [*R-7*]）。

　また，近年では会計基準の国際化が急速に進められ，国際会計基準審議会（IASB）の設定する「国際財務報告基準」（IFRS：International Financial Reporting Standards）が国際的な資本市場で証券を発行する企業の財務報告に関して強い影響力を持つにいたっている。

　わが国の会計基準は現在のところは，制度のあり方としては「企業会計原則」（**解説1** [*R-8*]）を中心におきながら，個別の会計処理の内容については，アメリカや国際会計基準の影響を受けて設定された新しい会計観に立つ個別会計基準（退職給付，リース，減損，企業結合等々）に依拠するというやや変則的なあり方をしていると考えられる。

　本章では主として今日の日本の会計基準のなかに流れる主要な会計処理基準，およびその考え方について説明する。

研究1

会計基準設定機関

会計基準は各国ごとに設定されるが，その会計基準を設定する機関のあり方も国によって異なっている。会計基準をどのような機関がどのように設定するかのあり方は，会計基準の解釈をどこが担い，その会計基準の実施（遂行）をどのような制度的体系のもとに保障してゆくかにかかわって重要な意味を持つ。

世界の会計基準をリードしてきたアメリカでは，歴史的に職業会計人の団体であるアメリカ（公認）会計士協会が（あるいはそこを中心として），会計原則を設定し，解釈し，その適用について判断するというように，会計プロフェッションが会計制度の中心に位置してきた。会計プロフェッションがその専門性と権威によって会計原則を設定し，アメリカ証券取引委員会（SEC）がそれを「有力な権威の支持のある会計原則」として受け入れ，SECの法的権威によって補完する関係にある。アメリカの会計原則設定機関は「会計手続委員会（CAP）」（1938～1959），「会計原則審議会（APB）」（1959～1973），「財務会計基準審議会（FASB）」（1973～現在）と変遷してきたが，一貫して会計プロフェッション（プライベート・セクター）の手にある[R1]。

アメリカと同様に会計原則の設定が会計プロフェッションによってなされている国には，カナダ，イギリス，オーストラリア，ニュージーランドなどがある。

一方，会計原則が法として設定される国の例としては，ドイツ，フランス，中国などがある。したがって，そこでは，会計原則の解釈は，基本的には法解釈として行われることになる。

わが国の「企業会計原則」は昭和24年にアメリカの影響を強く受けて，法ではない会計原則として，経済安定本部企業会計制度対策調査会中間報告として設定され，その後大蔵（財務）省の企業会計審議会（財務大臣の諮問機関）の所管とされることにより，行政機関の影響をいっそう強く受けるようになった。「企業会計原則」は法として設定されたものではないが，会計プロフェッションによって設定され，その権威に依拠して運用されるものとは言いがたい。むしろ行政機関の権威によって設定され運用されるものといえる。

ただ，現在では，企業会計審議会は金融庁の中に存在し続けてはいるが，会計原則の国際化の大きなうねりのなかで，会計原則の設定活動は新たに設立されたプライベート・セクターである企業会計基準委員会（ASBJ）の行うところとなり，それが作成する会計基準が法の承認とその権威によって実務上の効力を持たされている。その意味でそれは日本特有のあり方といえる。

ただ，今日では，巨大企業の資金調達は，国際的な資本市場でなされる機会がいっそう増加してきている。そのような状況のなかで，会計基準の国際化も強力に推し進められてきた。2001年に新しく編成替された国際会計基準審議会（IASB）（その前身は1973年に組織された国際会計基準委員会（IASC））が発行する「国際財務報告基準」（IFRS）（IASCが公表した会計諸基準を含む）は，国際的な資本市場向けに財務諸表を公表する企業の会計実務に強い影響力をもつのみならず，そのIASBの活動は，各国の会計基準設定機関の基準設定活動にも大きな影響を与えている。

1　費用・収益の会計処理基準

（1）現金主義会計と発生主義会計

わが国「企業会計原則」は，損益計算書原則一のAで，次のように書いている。

「すべての費用及び収益は，その支出及び収入に基づいて計上し，その発生した期間に正しく割当てられるように処理しなければならない。」

これは単純に支出と収入をもって費用と収益とし，その差額をもって期間利益とするということではない。もし，たんに期間の収入と支出を比較して利益を計算するということであれば，以下の算式のように現金主義会計になってしまう。

$$収入 － 支出 ＝ 現金増減額 ＝ 利益$$

これでは，たとえば，建物や機械を購入したときにその購入額の全額を，購入期間の費用に計上することになってしまう。それでは不合理である。ここでいう意味は，費用および収益はその発生（財貨・用役の費消や外部への提供）にあわせて計上すること，ただし金額を算定するベースは，その収入あるいは支出にもとづくということを言っているのである。つまり収益・費用の認識を，現金の流入・流出時点におく現金主義会計ではなしに，財貨・用役の提供・消費の時点におく発生主義会計によって行うことを規定しているのである。今日の会計はこの発生主義会計によっている。

（2）費用・収益の認識基準

上述のように費用・収益の認識を財貨・用役の費消や外部への提供によって行うという意味での発生主義会計を構成する基本的な費用・収益の処理基準には，発生主義，費用配分の原則，実現主義，費用収益対応の原則などがある。

①　費用認識基準としての発生主義

発生主義会計においては費用の認識は，財貨もしくは用役の費消という経済的事実の発生にもとづくべきものとされる。すなわち，材料，原料，商品といった棚卸資産は，それらが消費されるか，または販売によって外部に流出したときに費用として認識される。建物や機械のような固定資産はそれらが事業の用に供せられて使用されたときに，その使用分（利用分）について費用として認識する。つまり，購入しただけでは費用にならないと

解説 1

「企業会計原則」の体系

　日本の「企業会計原則」において構想されている体系は以下の図のように4層からなっ

ルール（具体的処理手続き）
会計処理基準
一般原則
会計公準

ていると理解される。このうち具体的な処理手続きであるルールは基本的な処理基準を記述するのに必要な限りで扱われているのであって，本来の記述対象とはいい難い。「企業会計原則」で明文化されているのは会計処理基準と一般原則である。さらに「企業会計原則」には明文化はされていないが，その基底には会計公準があるとされている[R2]。

　「企業会計原則」の明文化された体系は一般原則，損益計算書原則および貸借対照表原則の部からなる。会計処理基準にあたる損益計算書原則および貸借対照表原則の部では本章で説明している費用収益の認識基準（発生主義の原則，実現主義の原則，費用配分の原則，費用収益対応の原則など），資産および負債・資本の認識・処理基準が規定されている。

　一般原則はそれらの処理基準を理論的に支える当為原則（こうあるべきという原則）あるいは概念であって，以下の7つの原則からなる。

> 真実性の原則，正規の簿記の原則，資本取引・損益取引区別の原則，明瞭性の原則，継続性の原則，保守主義の原則，単一性の原則

　一般原則はこのように抽象的，一般的な規定であって，「会計原則の成立のために必要な仮定」であるとか，社会の「会計に対する基本的要請」であると，黒澤清教授（「企業会計原則」設定の中心的推進者であった）は説明しておられる[R3]。

　会計公準は図のように，会計原則体系のなかで，もっとも基礎に置かれている。

　会計公準は企業会計成立のための要件であり，制度的条件であるとする見解[R4]と，会計理論が立脚するための概念的基礎と解する見解[R5]，との少なくとも2つがある。前者と解する見解が多いようである。

　わが国の多くの研究者が基本的会計公準としてあげるものは通常，次の3つである。企業実体の公準，会計期間（継続企業）の公準，貨幣（的）評価（貨幣的測定）の公準である。（　　　）内の名称を用いる人もいる。

　個々の一般原則および会計公準の内容の説明については省略するが，それらは図のように「企業会計原則」の会計処理基準を支える基礎構造である。すなわち，それらは普遍的に「会計に対する基本的要請」であるとか，「企業会計成立のための要件」であるとか言われる。しかし実際に果たす機能は，そうではなくむしろ，「企業会計原則」という一定の時代における会計処理基準（会計処理方法）を論理的に支える概念であると考えられる。

いうことである。

たとえば，1個1,000円の材料を5個購入（取得原価5,000円）し，そのうち3個を消費したとすれば，材料費は3,000円（5,000×3/5）である。それは消費分3個の費用を，消費時に支出（取得原価）5,000円にもとづいて3,000円（5,000×3/5または1,000×3）計上したということである。

同様に，機械を1,000万円で購入したとすれば，その支出（取得原価）1,000万円をその機械の使用（利用）にあわせて費用として計上する，ということである。いま減価償却法として定額法を採用するとして，耐用年数が5年で，残存価額を0とすれば，1年間の減価償却費は200万円（1,000×1/5）である。これもまた費消がなされた期間に支出額にもとづいて費用を計上するという考え方である。

このように費用は支出（取得原価）をその資産の性質によって，消費とか使用にもとづいて，費消分と未費消分に割り振って計算されたものである。この考え方にもとづけば，費用として認識されるものは，支出（取得原価）の一部分であって，費消された財貨や用役の価値ではない。

② 費用配分の原則

費用は（費消の）発生の事実によって認識し，その金額を支出にもとづいて計上する，ということになれば，測定されているのは費消された財貨や用役の価値ではない。費用として測定しているのは全支出額（取得原価）のなかの，費消した部分の支出額ということになる。会計は多くの費用項目について，このように支出額＝取得原価の配分によって算定するという考え方を採っている。つまり，支出額は費消分と未費消分に分けられ，費消分は費用とされ，未費消分は資産とされるのである。これを費用配分の原則という。

したがって，費用も資産もそれぞれの部分の価値を評価することによってではなく，取得原価（支出額）を配分することによって測定される（**研究2 [R–9]**）。

取得原価（支出額）

機械
取得原価
1,000万円

費用（費消分）200万円
資産（未費消分）800万円

研究2

残留原価としての資産

　近代会計上，会計の処理方法は，一般的には財貨や用役の価値（価格）によってではなく，支出＝取得原価を消費した部分と残っている部分とに分けることによって，資産と費用を算定する。しかも，一定の計算法（減価償却費とか売上原価の計算法など）によって先に費用額を算出し，その費用額を控除した残額をもって資産金額とするのであるから，資産は取得原価のうち費用として配分されずに残っている原価，すなわち「残留原価」，「未費消原価」という性質を持つことになる。

　取得原価とその配分および実現を基本的な枠組みとして近代会計理論を構築したペイトン・リトルトン『会社会計基準序説』は，「資産を未償却原価の残高として解釈することを強調」している[R6]。

「企業会計原則」は貸借対照表原則五で，「資産の取得原価は，資産の種類に応じた費用配分の原則によつて，各事業年度に配分しなければならない」と述べている。これは，たとえば，機械は使用期間によって，棚卸資産は消費数量によって取得原価を配分するということである。

③　実　現　主　義

前述のように，費用は財貨または用役の費消という事実の発生によって認識される。たとえば材料や機械についての費用は，それらが生産のために消費または使用されたときに認識される。それでは収益も費用と同様に生産の進行にともなって認識されるのかというと，そうではない。収益は実現によって認識される。

収益は企業の生産物たる財貨または用役が，現金または他の有効な資産に転化されることによって実現する[L1]という。つまり，実現とは，簡単に言えば，財貨または用役の外部への提供，すなわち販売ということである。

「企業会計原則」は損益計算書原則一のAにおいて，「未実現収益は，原則として，当期の損益計算に計上してはならない」とし，さらに，三のBにおいて，「売上高は，実現主義の原則に従い，商品等の販売又は役務の給付によつて実現したものに限る」として，実現主義によるべきことを強調している。

このように，収益の認識については，費用の認識と同様の意味での発生主義は排せられ，販売（実現）の時点ではじめて収益を計上する実現主義が適用される。したがって，生産過程の進行によって製品価値が増加しても，あるいはまた，保有する資産の価格が上昇するとしても収益は計上されない。未実現の評価益の計上は否定されるのである。

④　費用収益対応の原則

上述のように，費用は発生時点で認識され，収益は実現時点で認識される。したがって発生主義で認識した費用を，そのまま実現主義で認識した収益から控除しても有効な結果は得られない。したがって両者の間に有効な対応関係が存在するように調整する必要がある。

近代会計においては，原則として実現主義にもとづいてまず期間収益を確認し，つぎにその実現収益を獲得することに貢献した費用を選び出して両者を対応させるという方法がとられる。つまり，収益を支配的要素（あるいは規定的な要素）（解説2 ［R-10]）と見る立場をとり，いったん認識した費用の中から当該期間中の実現収益に関連する部分を選び出し，それを収益に対応させられる費用として限定するのである（残りは資産とされる）（解説3 ［R-11]）。このように期間の実現収益に関連する発生費用を選び出し（限定

解説2

収益が利益計算における規定的な要素

　収益と費用を比較して利益を計算する場合に，どちらを先に決めるか，すなわち，どちらを規定的な要素と見るかによって利益計算のあり方は違ってくる。収益を先に決めればその収益に見合う（対応する）費用が選ばれることになるし，費用が規定的な要素とされるならば，その費やした費用が生み出す収益が求められることになる。後者は，あたかも生産過程の進行に応じて収益を計上して行くような方法である。

　今日の会計は基本的には，まず収益を規定的な要素として算定する。しかもその収益は実現収益であるとしている。すなわち，財貨・用役を外部に提供して，それに対する対価が成立（現金または受取債権が流入）して始めて収益が実現したものと見る。その段階にいたって収益を認識する。そのようにして収益を確定し，その実現収益に対応する費用を選び出す（算定する）という方法をとるのである。

　ペイトン・リトルトンの『会社会計基準序説』では，収益は「営業の全過程を通じて稼得される」ものであるが，「会計記録における認識の基礎としては，……実現が稼得の過程よりもいっそう重要である」[R7]とするとともに，「蒐集された会計上の事実を表示するに際しては収益がまず第一に記載せられ，これに照応する費用は差し引き分として記載される」としている[R8]。実現収益に費用が対応させられるのである。

し），それを期間収益と対応させる。これが費用収益対応の原則の第一の内容である。

費用収益の対応（１）

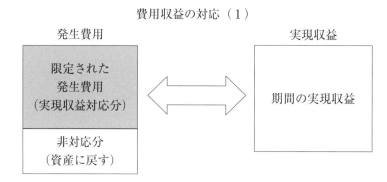

実現収益に対応させられる費用には，上述のような当期またはそれ以前の期間に取得した財貨または用役の費消にかかわる費用ばかりでなく，当該期間の収益の実現に貢献しながらも，その発生は将来の期間において起きると予想される費用も含められる。引当金による費用の予測計上である。

たとえば，当期の掛売りにかかわって次期以降に発生すると予想される貸倒損失（将来発生する損失）は，当期の収益となる売上を増進することに貢献した費用である。このような費用は将来の期間において発生するものではあるが，当期の実現収益に対応するものであるために当期の費用として計上される。これが費用収益対応の原則の第二の内容である。

費用収益の対応（２）

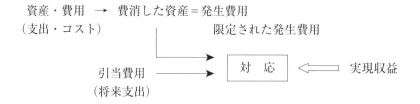

2　資産の会計処理基準

資産の取得時の認識（第一次的認識）の基準は，原則として購入額（取得原価）である。それは一般に，経済的には取得原価が取引時の市場での価格を表しているからであろうが，なによりも会計の利益計算の仕組が第一次的には，収入・支出を基礎においているからである。

解説3

発生主義・実現主義・費用収益対応の原則の関係

実現収益に発生費用を対応させる会計処理のプロセス（元帳勘定の記帳）を，製品の製造から販売までの簡単な設例によって示そう。それは発生費用を実現収益に対応する部分に限定する仕組みになっていることが理解できよう。

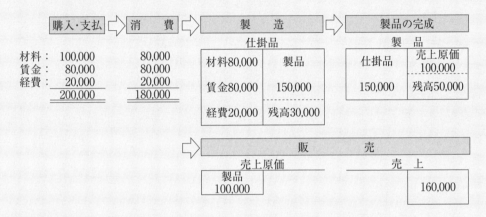

支出 200,000円→消費・発生180,000円（完成製品150,000円＋未完成品30,000円）
製品 150,000円→売上原価100,000円＋未販売（在庫）50,000円
資産 100,000円＝未消費分20,000円＋未完成品30,000円＋未販売（在庫）50,000円

（説明）

支出200,000円は，認識された発生費用180,000円と未消費分20,000円に配分される。次に，発生費用180,000円は，収益対応分（費用＝売上原価）100,000円と非対応分（資産に振り戻し）80,000円に再配分される。

このようにして発生費用180,000円は実現収益に対応する部分である売上原価（費用）100,000円に限定される。

　支出＝取引価格にもとづいて取得時に計上された資産は，その後，内部的移転や再結合（たとえば，原材料や機械の取得原価の製造過程での消費・使用や製品の販売）などを経て，当該期間の収益に対応させられる費用と，期末に残存する資産（次期以降の収益に対応させられる資産）に分類される。この期末に残存する資産の評価（価格付け）が，資産の取得時後の期末の評価であり，資産の第二次的認識である。

　資産の期末（第二次的）認識基準は，費用配分の原則にしたがって，取得原価のうち費用とされずに残っている原価である。その意味で未費消原価である。先の機械の減価償却の例で言えば，取得価額1,000万円のうち，費用とされずに期末に残っている800万円である。したがって，期末資産の評価は原則として，時価の変動を無視する原価基準による（**研究3** ［*R-12*］）。

　ただ，棚卸資産および市場性のある一時保有（所有関係の維持を目的としない）の有価証券については，価格の取得原価より上への変動は認識しないが，下への変動は認識（計上）するという低価主義評価が，歴史的に古くから有力な方法として実務上用いられてきた（**解説4** ［*R-12*］）。

　「企業会計原則」は貸借対照表原則五において，「貸借対照表に記載する資産の価額は，原則として，当該資産の取得原価を基礎として計上しなければならない」としている。

3　負債および資本の会計処理基準

　資産および費用の認識基準が基本的に支出基準であるように，負債および資本の認識基準はそれに照応する収入基準である。ただ，負債・資本の会計処理には，実際には資産側以上に慣習的処理や法的規制が多く存在し，具体的処理は収入基準そのものにはなっていない場合もある。

（1）負債の認識基準

　負債は大きく分けて法的負債と会計的負債に分けられる。前者は典型的には企業外部との取引によって生ずる支払義務であり，したがって法的債務の発生をともなう。後者は会計上の期間損益計算との関係で生ずる負債であって，法律上の債務が生ずるかどうかは問われない。負債の認識基準はこのような負債の性質によって異なる。

①　法的負債：収入基準または決済基準

　典型的な法的負債には借入金や社債，あるいは買掛金や未払金などがある。借入金や社

研究3

期末資産の評価のあり方

　会計はフローとストックの両面から利益を計算し，その両者の一致によって利益計算の正確性を検証する仕組みになっていることは前章で説明した。その場合，両者の計算が一致する前提として，日本の「企業会計原則」およびその理論的基礎になっているペイトン・リトルトン『会社会計基準序説』が採っている考え方は，これまで説明してきた収入，支出を基礎として，それを財貨・用役の費消あるいは外部への提供にともなって，各期間に費用または収益として割り当てるという考え方である。このような基本的な考え方によれば，費用については支出の配分が，収益については実現が中心概念になるため，保有資産または負債の価格変動は無視され，評価替えは行われないことになる。したがって，近代会計の考え方にたつ「企業会計原則」においては，評価替を行わない原価主義が基本になっている（無効になった原価を控除するという考え方による低価評価は入りうるが）。

　しかし，1970年代以降，近代会計理論に代わって，意思決定に有用な情報の提供を会計の基本目的に据えることによって，資産を「将来経済便益」，負債を「将来経済便益の犠牲」と定義し，評価主義を取り入れる考え方が展開されてきた。意思決定有用性理論に依拠するアメリカ財務会計基準審議会（FASB）「財務会計概念ステイトメント」および国際会計基準委員会（IASC）「財務諸表の作成および表示に関するフレームワーク」，さらに各国の財務会計概念フレームワークはその代表例である。そこでは評価主義が取り入れられ，資産については具体的には部分的に時価評価が取り入れられるが，負債についてはより以上に将来キャッシュ・フローの見積もりをともなう評価主義が取り入れられている。

解説4

低 価 主 義

　この評価法は棚卸資産や有価証券に適用され，時価と原価を比較していずれか低いほうの価額を期末資産の帳簿価額とするという方法である。
　　　例1：時価480円，簿価500円→簿価を480円に切り下げ，20円の評価損を計上。
　　　例2：時価510円，簿価500円→この場合には簿価は500円のままとし，評価益は計上しない。
　この方法は，実務的には歴史的に古くから用いられてきたばかりでなく，欧米でも日本でも広く，しかも支配的な方法として用いられてきた。実務的には有力な処理法である。これは原価と時価を使い分ける方法であるから，一貫性・継続性に欠け，非論理的であり，保守主義の観点から用いられるに過ぎないとする見方もあるが，一方で，将来の収益を生み出さない原価（無効となった原価）を消去するものであり，原価主義と矛盾するものではないとする解釈もなされる。

債の場合には，その借り入れによる収入の事実によって認識し，その収入金額によって負債金額を測定する。また買掛金や未払金はその負債を決済するのに要する支出額による。

② 会計的負債：発生基準

　会計的負債には未払利息や未払家賃などの未払費用と，引当金が入る。いずれも期間損益計算を行ううえで，支払日に先立って費用計上を行うために，借方の費用計上にともなって，法律的には負債ではないが計上される貸方項目である。

　未払費用は一定の契約にもとづいて継続的に役務の提供を受けている場合に，支払期日は到来していないが，すでに提供を受けている役務に対して損益計算上，費用を計上するのにともなって設定される会計上の負債である。したがって，それは役務の発生に照応する時の経過にもとづいて認識・計上される。

　それに対して引当金は，未払費用とは性格を異にしている。引当金には多様なものが存在し，その性質は必ずしも同じではないが，それは，たとえば，貸倒引当金や製品保証引当金のように，いまだそれにともなう財貨や役務の費消の事実が発生していない時点で（将来において財貨・用役の費消の可能性があるという理由で），見積もりによって費用を予測計上することによって生ずる貸方項目としての会計的負債項目である。したがって，それは予測と見積もりによる費用の早期計上になる。

（2）資本の認識基準

　会計においては，近年「資本」は多様な意味で用いられている。ある場合には負債に対する自己資本あるいは「純資産」の意味で，ある場合には「株主資本」の意味で，ある場合には株主資本から利益剰余金を除いた部分，すなわち株主払込資本（資本金プラス資本剰余金）の意味で，そして最も狭くは「資本金」の意味で用いられたりする。ここでは株主資本から利益剰余金を除いた部分，すなわち，ほぼ払込資本（資本金プラス資本剰余金）の意味で用いる。

　株主払込資本は資本の払い込みの事実によって認識され，払い込まれた現金額（収入金額）または財産の評価額にもとづいて計上される。つまり，これは収入基準によっているといえよう。

　　・現金出資の場合　　（借方）現　　金　×××　　（貸方）資本金　×××
　　・現物出資の場合　　（借方）諸資産　×××　　（貸方）資本金　×××

　法規定との関係でいえば，会社法は第445条において，株式会社の株式払込金額の処理を定めている。すなわち，会社法は別段の定めによるほかは，株主の払込金額の総額を資

解説5

資本金の処理と仕訳

　株式会社の会計においては，株主によって払い込まれた金額をどのように処理するかに関して選択の余地がある。すなわち，全額を資本金とすることもできれば，2分の1を超えない範囲で資本金に組み入れずに，株式払込剰余金（資本準備金）とすることもできる。

　いま，A社が株式1,000株を1株800円で発行し，小切手で払込を受け，当座預金としたとする。

　A）全額資本金に組み入れた（原則）：

　　　（借方）当 座 預 金　800,000　　（貸方）資　本　金　800,000

　B）資本金組入れ額を発行価額の2分の1（会社法の規定する最少額）とした：

　　　（借方）当 座 預 金　800,000　　（貸方）資　本　金　400,000
　　　　　　　　　　　　　　　　　　　　　　資本準備金　400,000

　このように，同じ株主による払込金の一部が，資本金にも資本準備金にもなりうる。それは資本金と資本準備金（資本剰余金）とで，それらの配分・処理の仕方などで会社にとって異なる扱いが可能になるからである。ただ，会計上の問題としては資本準備金の性質をどのように考えるかが問題になる。

本金とすることとしている。すなわち，払込金額の総額を資本金とすることを原則としている。しかし，別段の定めとして，第445条2，3は，払込金額の2分の1を超えない額を，資本金に計上することなく，資本準備金とすることができるとしている（**解説5 ［*R−13*]**）。

4 評 価 基 準

　会計上，資産は基本的には，前述のように，取得時には購入額（取得原価）で記録し，その後の決算期には，その取得原価から費用配分の原則によって費用化された金額を控除した額によって記録してきた。その意味で帳簿価額に資産の価格変動（とりわけ価格上昇）を反映することを否定し，支出を基準とする原価主義が採用されてきた。負債についてもまた，借り入れ時の金額（収入金額または決済金額）をもって記録し，決算時においても当該負債の価格を再評価するというようなことは行わなかった。基本的には評価主義を否定し，取引価額（資産および負債の取引時の金額）＝支出・収入に基礎を置く原価主義であった。しかし，近年，資産および負債に部分的に（特定の資産と負債に）評価主義が導入されるようになった。アメリカの財務会計概念ステイトメント第5号『企業の財務諸表における認識と測定』（1984年）は，アメリカにおいて実務的に用いられている測定属性として，次の5つを挙げている（**研究4 ［*R−14*]**）。最近ではさらにこれら測定属性を，公正価値概念のもとに体系化することが進められている（**研究5 ［*R−14*]**）。

  a. 歴史的原価（歴史的受領額）

  b. 現在原価

  c. 現在市場価値

  d. 正味実現可能（決済）価値

  e. 将来キャッシュ・フローの現在（または割引）価値

　ここではいくつかの基本的な評価基準について説明する。

① 原価主義評価

　取引価額＝取得時の価額（取得原価）によって帳簿価額とする方法。決算期において，取得原価から費用配分法によって算出された費用額を控除することによって得られる価額，すなわち原価主義による評価である。したがって，支出（収入）を基礎とする資産（負債）の評価法といえる。

研究4

ASBJ「財務会計の概念フレームワーク」の測定法

　日本でも企業会計基準委員会（ASBJ）による討議資料「財務会計の概念フレームワーク」が2006年12月に公表された。それは会計基準の国際化の進展のなかで，アメリカ財務会計基準審議会（FASB）「財務会計概念ステイトメント」（世界の会計概念フレームワークの先駆となった）および国際会計基準委員会（IASC）「財務諸表の作成および表示に関するフレームワーク」に歩調を合わせて作成されたものであり，当然のことながら内容的に類似している。

　日本の「財務会計の概念フレームワーク」（討議資料）も，FASB財務会計概念ステイトメント第5号に相当する『財務諸表の認識と測定』において，財務諸表の構成要素についての認識・測定方法として，どのような選択肢がありうるかについて記述している。そこでは資産および負債の測定方法として以下の方法が定義され，説明されている。

　資産の測定：
　　取得原価
　　市場価格（再調達原価，正味実現可能価額）
　　割引価値
　　入金予定額
　　被投資企業の純資産額にもとづく額
　負債の測定：
　　支払予定額
　　現金受入額
　　割引価値（各種の将来キャッシュ・フローの割引価値）
　　市場価格

　資産のみならず，負債に対しても，そしてそれによって，費用および収益に対してさえも，取得原価とその配分による方法以外の多様な測定方法が，状況によって使用されうることが示されている。

研究5

公　正　価　値

　1980年代以降，資産および負債の諸会計領域において，アメリカでは公正価値による測定が会計基準に組入れられ，その認識・計上が拡大されてきている。今日では公正価値測定の会計基準は，金融商品はもちろんのこと，減損会計基準に，企業結合会計基準に，あるいは資産除却債務会計基準などにも導入されている。

　「公正価値」とは，アメリカ財務会計基準審議会（FASB）の財務会計基準ステイトメント第157号『公正価値測定』（2006年）によると，以下のように定義されている。

たとえば，機械を購入して，ある減価償却法によって算定した費用額を控除して期末価額とする。これは以下の計算のように，取得原価を計算的に配分して得た価額であって，市場価格の変動を反映したものではないので，原価主義評価ということになる。

$$取得価額1,000万円 - 減価償却費200万円 = 期末価額800万円$$

② 時価主義評価

一般には，期末貸借対照表の資産（負債）を市場価格の変動を反映して，そのときの価格（時価）によって評価する方法。その時価をどのような内容のものとして考え，どのように測定するかによって，具体的には種々の時価概念とその測定法が存在する。上に示したFASB財務会計概念ステイトメント第5号に示された測定属性はその例である。

近年では，時価評価概念とその実務への適用は拡大し，負債についても財務諸表への計上時のみでなく，期末決算時においても時価で評価する項目が存在する（たとえば，退職給付債務，資産除却債務，環境修復債務など）。

期末において，資産および負債を時価評価する場合には，当初金額との間に差額が生ずる。その評価差額を利益として扱うかどうかが重要な問題となる。

時価評価はさらに費用側に対しても適用されうる。評価替えした資産を費用化することによる費用の増加もあれば，負債を早期に見積時価計上する（引当金のように）ことによる相手方項目としての費用の増加もある。また，物価変動会計における費用の時価評価もある。今日の時点では物価変動会計は制度化されていない。

注
(L1) ペイトン・リトルトン著，中島省吾訳『会社会計基準序説』森山書店，1956年，79頁。

「公正価値は，測定日における市場参加者間の通常の取引において，資産を販売することによって受け取られ，負債を移転することによって支払われると考えられる価格である。」（パラグラフ5）

このように公正価値は市場での取引価格であるといわれる。だがこれが日常用語でいうところの実際に存在する市場での取引価格を言うのであれば，「公正価値」という新たな概念を導入する必要はないであろう。ここでいう「通常の取引」とは強制されることのない取引であり，それは市場参加者間の仮想上の取引をも含む。つまり，実際の取引がない資産・負債の価格を測定する基礎として仮想上の取引が想定されているのである。

すなわち，第157号は，「公正価値」の評価技法として，マーケット・アプローチ，インカム・アプローチ，コスト・アプローチの3つを提示（パラグラフ18）する一方で，公正価値の見積に用いる属性（インプット，仮定）によって，インプットの性格を次のように3つに区分し，ヒエラルキー化（階層化）している。

レベル1 同一の資産・負債についての活発な市場における公開市場価格

レベル2 レベル1の公開市場価格以外の，直接または間接に観察可能なインプット（たとえば活発な市場での類似資産・負債の公開市場価格，あるいは活発でない市場での類似資産の公開市場価格）

レベル3 企業独自の仮定のような観察不能なインプット（パラグラフ24—30）

もちろん，レベル1のインプットに最優先順位が置かれ，レベル3が最劣位である。しかし，レベル3のインプットを用いた公正価値の測定も「取引」による測定ということである。

このように公正価値概念は検証不能な多元的な測定技法による資産・負債数値を「公正価値」として承認することを可能としている[R9]。

注

(R1) 加藤盛弘『一般に認められた会計原則』森山書店，1994年，第5章。
(R2) 黒澤清『財務諸表論』（増補改訂版）中央経済社，1985年。
(R3) 同書，59, 75頁。
(R4) 同書，66—67頁。
(R5) 武田隆二『最新財務諸表論』中央経済社，1993年，61頁。
(R6) ペイトン・リトルトン著，中島省吾訳『会社会計基準序説』森山書店，1956年，17頁。
(R7) 同訳書，84—85頁。
(R8) 同訳書，42頁。
(R9) 今田正「公正価値会計モデルの制度構築」『同志社商学』第58巻第6号（2007年3月）。

第3章　概念フレームワークにおける会計観

1　概念フレームワークの役割

　日本の会計基準を設定する機関である企業会計基準委員会（ASBJ）は，2006年に討議資料として「財務会計の概念フレームワーク」（以下，概念フレームワーク）を公表した。概念フレームワークは，企業会計の基礎にある前提や概念を体系化したものであり，会計基準の概念的な基礎を提供するものである。さらに，将来の基準開発に指針を与えるばかりでなく，財務諸表の利用者にとっても，会計基準の解釈が容易になるとされている（**解説1**［*R-16*]）。概念フレームワークの構成は次のようになっている。

　　　第1章　財務報告の目的
　　　第2章　会計情報の質的特性
　　　第3章　財務諸表の構成要素
　　　第4章　財務諸表における認識と測定

　以下で，それぞれの章ごとに，その概要を説明する。

2　第1章　財務報告の目的

財務報告の目的

　概念フレームワークはまず，「投資家は不確実な将来キャッシュフローへの期待のもとに，自らの意思で自己の資金を企業に投下する。その不確実な成果を予測して意思決定をする際，投資家は企業が資金をどのように投資し，実際にどれだけの成果をあげているかについての情報を必要としている。経営者に開示が求められるのは，基本的にはこうした情報である」として，「財務報告の目的は，投資家の意思決定に資するディスクロージャ

解説 1

会計理論（概念フレームワーク）の役割

　概念フレームワークを学習する前に，会計理論の役割について考えてみよう。日本のすべての上場企業は，「企業会計基準」に従って会計処理をしている。リース会計基準，減損会計基準，資産除去債務会計基準というように，個々の取引や事象ごとに会計処理を示したものが企業会計基準である。

　それらの会計基準は，会計理論と整合したものでなければならない。たとえば，リース会計基準がリース会社に有利になるような会計処理を定めたものだとすると，社会的に批判されることになる。なぜなら，その会計処理によって財務諸表が作成され，最終的に純利益が計算され，その純利益によって配当や税金などの金額が決定されるため，つまり，いろいろな利害が絡んでくるためである。リース会社が「得をする」ような会計処理だと，おそらく他の企業はそのリース会計基準を批判し，その基準に従わなくなるであろう。そこで，その会計基準は，「リース会社に有利になるように基準を作ったのではなく，こういう理論にもとづいて会計基準を作った！」ということを示さなければならない。この意味では，他の分野の理論とは少し異なり，会計理論は制度と直結していることになる。

　第2章で説明したように，これまで日本においては，個々の会計処理を説明してきた（理屈づけてきた）ものは，「企業会計原則」であった。しかし，国際会計基準の影響で，その「企業会計原則」では説明できない（理屈づけができない）会計処理が導入されてきた。そこで，新しい会計理論を作る必要性に迫られ，企業会計基準委員会（ASBJ）によって「財務会計の概念フレームワーク」が公表された。

　本章においては，「企業会計原則」の考え方と，この「概念フレームワーク」の考え方がどのように異なるのか，つまり，会計理論の内容的変化を理解するとともに，なぜそのように会計理論が転換するのかということ考えてもらいたい。おそらく，みなさんは，「企業会計原則が古くなったから」，「企業会計原則が時代に合わなくなったから」と考えるかもしれない。しかし，会計理論が変化しても，貸借対照表と損益計算書によって純利益を計算するという計算構造は変化しない。それでは，会計理論が変化すれば，何が変化するのであろうか。それは，貸借対照表と損益計算書に計上される項目と金額が変化するのである。

　このように説明すると，会計理論があり，その会計理論にもとづいて会計基準が設定され，その会計基準によって，計上される項目と金額が変化すると理解するかもしれない。しかし，会計は「実務」である。実務を見なければ，会計理論の本当の役割がわからないのではないだろうか。会計実務において，これまで認識の対象とされていなかった取引あるいは事象を計上しようとする会計処理がなされてきた。そのような実務の要請により，会計基準が設定され，その会計基準を説明するために新たな会計理論の形成が求められるという見方をすれば，会計理論が転換する意味，つまり，会計理論の本質的な役割がわかるのではないであろうか（第1章会計計算の基本的な構造「**研究1・研究2**」参照）。

　この概念フレームワークは討議資料のままで，正式に決定されたものではない。しかし，会計基準を設定する機関であるASBJは，この概念フレームワークの考え方と矛盾し

ー制度の一環として，投資のポジションとその成果を測定して開示することである」と財務報告の目的を定義している（**解説2** [**R-17**]）。

3　第2章　会計情報の質的特性

概念フレームワークは，財務報告の目的を達成するための会計情報の質的特性を定義している。会計情報の質的特性とは，会計情報は投資家の意思決定に有用でなければならず（**意思決定有用性**），会計情報が有用になるためには，投資家の意思決定に積極的な影響を与え（**意思決定との関連性**），その情報が信頼できるものでなければならない（**信頼性**）という，会計情報が有する特性である。以下で，それぞれの特性について説明する（**解説 3** [**R-17**]）。

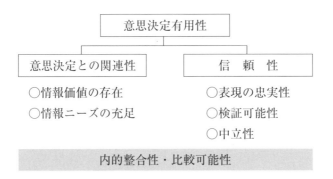

（1）会計情報の基本的な特性：意思決定有用性

まず，会計情報の基本的な特性は意思決定有用性である。概念フレームワークは，意思決定有用性について，以下のように記述している。

「財務報告の目的は，企業価値評価の基礎となる情報，つまり投資家が将来キャッシュフローを予測するのに役立つ企業成果等を開示することである。この目的を達成するにあたり，会計情報に求められる最も基本的な特性は，意思決定有用性である。すなわち，会計情報には，投資家が企業の不確実な成果を予測するのに有用であることが期待されている。」

（2）意思決定有用性を支える特性

意思決定有用性を支える特性には，「意思決定との関連性」と「信頼性」という二つの特性がある。

ない会計基準を設定しているし，公認会計士試験や税理士試験にも出題されている。このように日本の概念フレームワークはあいまいな存在であるが，本章では，この概念フレームワークを，新しい会計の考え方を示したもの（現代の会計理論）として説明する。

解説 2

財務報告の目的

「企業会計原則」では，会計の目的として，適正な期間損益計算ということが強調されていたが，この概念フレームワークでは，「投資家の意思決定に有用な情報を提供すること」が重視されている。この定義のなかの「投資のポジション」と「その成果」とは何を意味するのであろうか。「投資のポジション」とは，たとえば，製造業は，製品を製造するために，まず原材料，機械，工場などを購入する。このことは，企業は儲けるために投資をしていることを意味する。これを投資のポジションといい，財政状態と同義であり，この財政状態は，貸借対照表によって表される。

次に「その（投資の）成果」とは，投資をした結果，企業は儲けることができたのかということを意味し，経営成績と同義であり，この経営成績は損益計算書によって表される。

そこで，概念フレームワークで定義されている財務報告の目的を言い換えてみると，「投資家の意思決定に有用な情報を提供するために，財政状態と経営成績を開示する」ということになる。ここで少し考えてもらいたいのは，財政状態と経営成績を開示するのは，これまで（「企業会計原則」）と同じであり，何が違うのかということである。

それは，概念フレームワークでは，「投資家の意思決定に有用な情報を提供する」ということが強調されていることである。投資家の意思決定とは，投資家がどの企業に投資しようかと考えることである。そのさいに，投資家は企業価値を評価する。企業価値を評価するためには，その企業が将来にどれだけのキャッシュ・フロー（現金の流入）を獲得するのかを予測する。それに役立つ情報を提供しなければならないということなのである。それが「財政状態」と「経営成績」，すなわち，貸借対照表と損益計算書によって提供されるというわけである。それゆえに，貸借対照表と損益計算によって提供される情報は，将来のキャッシュ・フローを予測できる情報という意味が含まれることになるのである。

解説 3

会計情報の質的特性

情報が投資家の意思決定に有用になるためには，情報はどういうものでなければならないのかということを定義しているのが第 2 章の会計情報の質的特性である。

①意思決定との関連性

　意思決定との関連性とは，「会計情報が将来の投資の成果についての予測に関連する内容を含んでおり，企業価値の推定を通じた投資家による意思決定に積極的な影響を与えて貢献すること」を指す。

　この「意思決定との関連性」を支える特性が「情報価値の存在」と「情報ニーズの充足」である。

　「情報価値の存在」とは，「投資家の予測や行動が当該情報の入手によって改善される」場合，その情報には情報価値が存在するという。したがって，会計情報が意思決定に積極的に影響を与えて貢献するかどうかは，その会計情報が情報価値を有しているかどうかに関わっている。

　「情報ニーズの充足」は，投資家による情報ニーズによって新たな会計基準が設定，あるいは既存の基準の改廃される場合に，そのことによって情報価値が生み出される。

②信頼性

　信頼性とは，「中立性・検証可能性・表現の忠実性などに支えられ，会計情報が信頼に足る情報であること」を指す。「中立性」とは，一部の利害関係者の利害だけを偏重することのない財務報告が求められることをいう。「検証可能性」とは，測定者の主観には左右されない事実にもとづく財務報告が求められることをいう。「表現の忠実性」とは，事実と会計上の分類項目との明確な対応関係が求められることをいう。

（3）特性間の関係

　「意思決定との関連性」と「信頼性」は，同時に満たすことが可能な場合もあれば，ある種の情報がいずれかの特性を高める反面で，他方の特性を損なうというトレードオフの関係も存在する。このような場合は，双方の特性を考慮し，会計情報の有用性を総合的に判断して，会計基準が設定されなければならない。

（4）一般的制約となる特性

　一般的制約とは，会計情報が有用であるために必要とされる最低限の基礎的な条件であり，それには「内的整合性」と「比較可能性」がある。

①内的整合性

　会計情報が利用者の意思決定にとって有用であるためには，会計情報を生み出す会計基準が内的整合性を満たしていなければならない。ある個別の会計基準が，会計基準全体を

（1）会計情報の基本的な特性：意思決定有用性

　まず，会計情報の基本的な特性は「意思決定有用性」である。意思決定有用性とは，財務報告の目的を達成するために，会計情報に求められる基本的な特性である。つまり，会計情報は投資家の意思決定に有用でなければならないということである。

（2）意思決定有用性を支える特性

　次に，会計情報が投資家の意思決定に有用になるためには，情報はどうあるべきかというのが意思決定有用性を支える情報の特性である。それには，「意思決定との関連性」と「信頼性」という二つの特性がある。

①意思決定との関連性

　「意思決定との関連性」という特性は，「情報価値の存在」と「情報ニーズの充足」という特性から構成されている。「情報価値の存在」とは，投資家の予測が会計情報によって改善される場合，その情報は価値があるということである。「情報ニーズの充足」は，会計情報は投資家の情報ニーズに合った情報を提供しなければならないということである。

　これらの特性について，少し具体的に説明しよう。たとえば，A社かB社のどちらの企業に投資しようかと考えている投資家がいるとする。その投資家は，それらの企業が将来にどれだけのキャッシュ・フローを獲得するかを予測しなければならない。財務報告は，そうした予測をするために必要な情報を提供し，投資家はその情報によってA社の方が良いと思い，A社に投資をするという意思決定をする場合，あるいは最初はA社のほうが良いと思っていたのに，その情報によってB社の方が良いと意思決定を変更するという場合，その会計情報は，情報ニーズを充足しており，情報価値も存在することになる。すなわち，その会計情報は投資家の意思決定に積極的に影響を与えていることになり，「意思決定との関連性」という特性を有していることになる。

②信頼性

　「信頼性」という特性は，「中立性」・「検証可能性」・「表現の忠実性」から構成されている。ここで注意しなければならないのは，「信頼」という用語は「正確」という意味ではないということである。それでは，概念フレームワークのいうところの「信頼性」とはどういうものなのか。

　まず，「中立性」とは，誰かが有利になるような偏った情報を提供してはいけないということをいう。

　「検証可能性」とは，会計情報は検証できるものでなければならないということである。検証とは，たとえば，第三者（たとえば，会計士）が，貸借対照表で「機械100万円」と記載されていたら，その金額を後でチェックできるということである。現金や預金は，直接数えることによって，あるいは銀行の残高証明によって検証できる。しかし，減価償却費はどうであろうか。たとえば，機械を1年使用することによって，どれだけ減価したかは外見的にはわからない。そのため，減価償却費は，耐用年数や残存価額を見積って計算するのであるが，これは検証できるのだろうか。このような見積によって計算した場合は，見積った耐用年数や残存価額がどのような根拠で見積られたのか，第三者が同じ方法で計算すれば，だいたいそのような金額になるということになれば，その減価償却の金額は検証可能であるというのである。

支える基本的な考え方と矛盾しないとき，その個別基準は内的整合性を有している。

②比較可能性

　会計情報が利用者の意思決定にとって有用であるためには，会計情報には比較可能性がなければならない。比較可能性とは，同一企業の会計情報を時系列で比較する場合，あるいは，同一時点の会計情報を企業間で比較する場合，それらの比較に障害とならないように会計情報が作成されていることを要請するものである。

4　第3章　財務諸表の構成要素

　概念フレームワークの第3章は，投資のポジションと成果を表す貸借対照表と損益計算書に関する構成要素，すなわち，資産，負債　純資産，収益，費用を定義している（**解説 4 [*R-19*]**）。

（1）財務諸表の役割とその構成要素

　まず，財務諸表の役割は，「財務報告の目的を達成するため，現行のディスクロージャー制度においては，貸借対照表，損益計算書，キャッシュ・フロー計算書等の財務諸表が開示されている。これらは企業の所有者が提供した資金をもとに，企業が実行した投資の特定時点のポジションと，その投資から得られた特定期間の成果を反映」するものであるとしている。そのような役割を果たすために，財務諸表の構成要素はどのようなものでなければならないのか。以下で構成要素の定義を説明する。

（2）財務諸表の構成要素

(a) 資　産：過去の取引または事象の結果として，報告主体が**支配**[*1]している**経済的資源**[*2]をいう。

(b) 負　債：過去の取引または事象の結果として，報告主体が支配している経済的資源を放棄もしくは引き渡す義務，またはその同等物をいう。

　（＊1）**支配**とは，所有権の有無にかかわらず，報告主体が経済的資源を利用し，そこから生み出される便益を享受できる状態をいう。

　（＊2）**経済的資源**とは，キャッシュの獲得に貢献する便益の源泉をいう。経済的資源には，実物財に限らず，金融資産およびそれらとの同等物も含まれる。経済的資源は，市場での処分可能性を有する場合もあれば，そうでない場合も

「表現の忠実性」とは，たとえば，ある項目が資産であるのに費用として表示してしまう，あるいは，負債としての性格を持つ社債を資本として表示してしまっては，その事実を忠実に表現（表示）していないということになる。つまり，ある事実を，その事実を表すように表示しなければならないということを意味する。

（3）特性間の関係

「意思決定との関連性」と「信頼性」との関係は，トレードオフの関係にある。つまり，どちらかの特性を重視すれば，もう一方の特性が損なわれることになるということである。たとえば，投資家には，その企業が将来どうなるかということを予測したいというニーズがある。このことを重視して，将来の不確実な情報を提供すれば，会計情報の信頼性は損なわれる。逆に，信頼性を重視して，直接的に検証できる情報のみを提供したとしたら，投資家にとって，そのような情報は意思決定に有用でないかもしれない。

そこで，会計基準はその双方の最適なバランスを考慮して，その基準によって提供される会計情報を検討しなければならないということである。

（4）一般的制約となる特性

この一般的制約というのは，会計情報が持っていなければならない，当然のこととしての前提あるいは条件ということになる。

①内的整合性

内的整合性とは，たとえば，Aという会計基準が，この概念フレームワークにもとづいて作成されたものであるならば，当然ながらAという会計基準の考え方と概念フレームワークの考え方は矛盾していないことになる。この場合，Aという会計基準は，内的整合性を有しており，その会計基準によって提供される会計情報は有用であるということになる。

また，内的整合性にはもう一つの意味がある。たとえば，Bという会計基準が作られ，これも概念フレームワークにもとづいて作成されたならば，上記のAという会計基準とBという会計基準も理論的に整合していることになり，A会計基準とB会計基準は内的整合性を有していることになる。

②比較可能性

比較可能性とは，投資家は各企業を比較することによって，どの企業に投資するかを意思決定するため，当然のことながら，会計情報は比較できなければならないということである。

解説4

財務諸表の構成要素

（1）財務諸表の役割とその構成要素

財務報告の目的は，投資家に有用な情報を，貸借対照表と損益計算書によって提供することである。そこで，投資のポジションを表す貸借対照表の構成要素である「資産」「負

ある。

(c) **純資産**：資産と負債の差額をいう。

　(c-1) **株主資本**：純資産のうち**報告主体の所有者である株主**（連結財務諸表の場合には親会社株主）**に帰属する部分**[*3]をいう。

　(c-2) **包括利益**：特定期間における純資産の変動額のうち，報告主体の所有者である株主，子会社の少数株主（非支配株主），および将来それらになり得るオプションの所有者との直接的な取引によらない部分をいう。

　(c-3) **純利益**：特定期間の期末までに生じた純資産の変動額（報告主体の所有者である株主，子会社の少数株主（非支配株主），および将来それらになり得るオプションの所有者との直接的な取引によらない部分を除く）のうち，その期間中にリスクから解放された投資の成果であって，報告主体の所有者に帰属する部分をいう。純利益は，純資産のうちのもっぱら株主資本だけを増減させる。

　(*3) **報告主体の所有者である株主に帰属する部分**とは，報告主体の所有者との直接的な取引によって発生した部分，および投資のリスクから解放された部分のうち，報告主体の所有者に割り当てられた部分をいう。

(d) **収　益**：純利益または少数株主損益（非支配株主に帰属する当期純利益）を増加させる項目であり，特定期間の期末までに生じた資産の増加や負債の減少に見合う額のうち，**投資のリスクから解放**[*4]された部分である。

(e) **費　用**：純利益または少数株主損益（非支配株主に帰属する当期純利益）を減少させる項目であり，特定期間の期末までに生じた資産の減少や負債の増加に見合う額のうち，投資のリスクから解放された部分である。

　(*4) **投資のリスクからの解放**とは，投資の成果の不確定性を投資のリスクといい，その成果が事実となれば，それはリスクから解放されることになる。投資家が求めているのは，投資にあたって期待された成果に対して，どれだけ実際の成果が得られたのかについての情報である。

5　第4章　財務諸表における認識と測定

　第4章では，第3章で定義された財務諸表の諸要素は，いつ，どのように測定され，財務諸表に計上されるのかという問題を取り扱っている（**解説5** ［R–22］）。

債」「純資産」とは，どのようなものなのか，投資の成果を表す損益計算書の構成要素である「収益」「費用」とは，どのようなものなのかということを定義しているのが，この「第3章財務諸表の構成要素」である。

（2）財務諸表の構成要素
(a) 資　産：「過去の取引または事象の結果として，報告主体が支配している経済的資源」とはどういうことであろうか。たとえば，航空会社がリース会社から旅客機を5年間リースする契約を締結したとしよう。航空会社は毎年1億円のリース料を5年間支払い，そのリース期間中は当該契約を解約できないという条件があるとする。

　まず，資産の定義に照らすと，「過去の取引または事象の結果」とは，「航空会社がリース契約を締結した結果」ということになる。次に「報告主体が支配している」とは，航空会社（報告主体）はリースした旅客機を自由に使い，乗客から運賃（すなわち，便益）を得ることができる状態のことをいう。ここで重要なことは，「支配」という意味は，法的所有権の有無は関係ないということである。このリースした旅客機の所有権はリース会社にあり，航空会社には所有権はないが，所有権のない旅客機でも，航空会社はリース期間にわたってその旅客機を自由に使用し，運賃という便益を得ることができる。これを「支配している」というのである。

　最後に，「経済的資源」とは，キャッシュの獲得に貢献する便益の源泉のことをいう。この旅客機は，乗客を運んで，運賃というキャッシュの獲得に貢献する便益の源泉ということになる。したがって，航空会社にとって，このリースした旅客機は，リース契約を締結した結果として，航空会社が支配している経済的資源ということになり，資産の定義に合致するため，航空会社は所有権がないにもかかわらず，この旅客機を自社の貸借対照表で資産として計上しなければならないことになる。このような会計処理をリース会計という（第8章固定負債「**研究1**」参照）。

(b) 負　債：負債も資産と同様に，上記の航空会社の例で説明すれば，まず，「過去の取引または事象の結果」とは，「航空会社がリース契約を締結した結果」であり，「報告主体が支配している経済的資源を引き渡す義務」とは，航空会社が持っている現預金（すなわち，経済的資源）を，リース料として毎年1億円を，途中で解約できないために，5年間に渡って支払う義務ということになる。したがって，航空会社にとって，5年間にわたって支払うリース料は，このリース契約を締結した結果として，航空会社が支配している現預金を引き渡す義務ということになり，負債の定義に合致するため，法的（契約的）には毎年1億円ずつ支払うリース料であっても，5年分を貸借対照表に負債として計上しなければならないことになる。

　以上のことから，資産・負債の定義には，将来にキャッシュをもたらすものが資産であり，将来にキャッシュが出ていくものが負債であるという意味をもつことになる。このように概念フレームワークでは，資産・負債をまず定義することから始め，それを中心に，その他の諸要素が定義づけられている。

(c) 純資産：資産・負債の定義から，純資産は，資産と負債の差額として定義される。つまり，純資産自体には，明確な定義づけがなされず，差額概念なのである。

　この純資産は大きく，株主資本とそれ以外の部分に分けられる。株主資本は，「報告主

（1）認識および測定の意義

認識とは：構成要素を財務諸表の本体に計上すること。

測定とは：財務諸表に計上される諸項目に貨幣額を割り当てること。

（2）認識に関する制約条件

認識の契機：・双務契約においてどちらか一方が履行したとき。

・いったん認識した資産・負債の価値の変動が生じたとき。

・双務未履行契約（金融商品）であっても，決済額と市場価格との差額の変動そのものがリスクから解放された投資の成果とみなされるとき。

蓋　然　性：・一定程度の発生の可能性があること（財務諸表の構成要素に関わる将来事象が，一定水準以上の確からしさで生じると見積もられること）。

（3）資産の測定

(1) 取得原価：資産取得のさいに支払われた現金もしくは現金同等物の金額

(2) 市場価格：特定の資産について，流通市場で成立している価格

　(2-a)　購買市場と売却市場とが区別されない場合の市場価格

　　資産を処分ないし清算したときに得られる資金の額，あるいは再取得するのに必要な資金の額

　(2-b)　購買市場と売却市場とが区別される場合の市場価格

　　①再調達原価：購買市場（当該資産を購入し直す場合に参加する市場）で成立している価格

　　②正味実現可能価額：売却市場（当該資産を売却処分する場合に参加する市場）で成立している価格から見積販売経費（アフター・コストを含む）を控除したもの

(3) 割引価値：資産の利用から得られる将来キャッシュ・フローの見積額を，割引率によって測定時点まで割り引いた測定値

　(3-a)　将来キャッシュ・フローを継続的に見積り直し，割引率も改訂する場合

　　①利用価値：資産の利用から得られる将来キャッシュ・フローを測定時点で見積り，その期待キャッシュ・フローをその時点の割引率で割り引いた測定値

　　②市場価格を推定するための割引価値（時価または公正な評価額）：市場で平均的に予想されているキャッシュ・フローと市場の平均的な割引率を測定時点で見積もって計算される測定値

体の所有者であるである株主に帰属する部分」であり，株主による出資や株主への配当といった「所有者との直接的な取引」と収益と費用の差額，すなわち，「純利益」から構成される。それ以外の部分については後述する。

(d) 収益および (e) 費用：次に損益計算書の要素であるが，これも資産・負債から定義づけられている。収益は資産の増加もしくは負債の減少，費用は資産の減少もしくは負債の増加によって生ずると定義されている。

　ここで「投資のリスクから解放された部分」とは，どういうことなのか，たとえば，製造業を例に考えてみよう。製造業者はまず，製品を製造するために，原材料や機械を購入する。これらはまだ投資している状態ということで，投資のポジションを表す貸借対照表で資産として計上される。製造業者はそれらを使用して，製品を1個あたり原価60万円で3個製造し，そのうち2個を1個100万円で販売したとしよう。販売したということは，投資している状態ではなく，「投資の結果が出た」，つまり，投資のリスクから解放されたということになる。200万円の資産の増加が売上という収益であり，120万円の資産の減少が売上原価という費用になる。では，売れ残った1個の製品（60万円）は，まだ投資のリスクから解放されていない状態であり，（棚卸）資産になるということである。

　このように概念フレームワークは，まず資産・負債を定義し，その増減が収益と費用と定義している。そうすると，資産・負債の増減がすべて収益と費用になるのであろうか。

　まず，株主が出資することによる資産の増加や株主に配当することによる資産の減少は，収益・費用ではなく，株主資本の増減となる。これは，前述の「所有者との直接的な取引」であり，この取引によって資産・負債が増減しても，収益・費用にはならない部分である。

　さらに，資産・負債の増減のうち，「投資のリスクから解放されていない部分」である。前述のように，「投資のリスクから解放された部分」は収益・費用になるが，資産・負債が増減し，「所有者との直接的な取引」でもなく，収益・費用にならない，つまり，「投資のリスクから解放されていない部分」ということはどういうことなのか。

　たとえば，有価証券の会計処理を考えてみよう。有価証券は保有する目的によって分類され，それぞれの保有目的に応じて会計処理が異なる。その保有している有価証券のうち「その他有価証券」に分類されている有価証券は，期末に時価で評価される（「第5章固定資産」参照）。そうすると取得原価と時価との差額が生じる。これを評価差額というが，これは，収益・費用として計上されない。なぜなら，当該有価証券を時価で評価することによって評価差額分だけ資産が増減するが，それは，当該有価証券はまだ売却されず保有されている状態，すなわち，投資のリスクから解放されていない状態なので，収益・費用にはならないのである。

　この評価差額が収益・費用でもないということは，その差額として計算される純利益にも算入されず，「所有者との直接的な取引」でもないとすれば，どこに表示されるのか。そこで，「その他の包括利益」という場所が作られた。「その他の包括利益」は，英語で「Other Comprehensive Income」といい，「ＯＣＩ」と呼ばれている。「企業会計原則」では，当期純利益が最終ゴールであったが，現代の会計では，当期純利益に「その他の包括利益」を加減して包括利益を表示している。

(3-b)　将来キャッシュ・フローのみを継続的に見積り直す場合

　　　　資産の利用から得られる将来キャッシュ・フローを測定時点で見積もり，その期待キャッシュ・フローを資産の取得時点の割引率で割り引いた測定値

(4)　**入金予定額**：資産から期待される将来キャッシュ・フローを単純に合計した金額

(5)　**被投資企業の純資産額に基づく額**：被投資企業の純資産のうち，投資企業の持分に対応する額

（４）負債の測定

(1)　**支払予定額（決済価額または将来支出額）**：負債の返済に要する将来キャッシュ・フローを単純に合計した金額

(2)　**現金受入額**：財・サービスを提供する義務の見返りに受け取った現金または現金同等物の金額

(3)　**割引価値**：(資産と同じ)

(3-a)　将来キャッシュ・フローを継続的に見積り直し，割引率も改訂する場合

　　　　①リスクフリー・レートによる割引価値：測定時点で見積もった将来キャッシュ・アウトフローを，その時点におけるリスクフリー・レートで割り引いた測定値
　　　　②リスクを調整した割引率による割引価値：測定時点で見積もった将来キャッシュ・アウトフローを，その時点における報告主体の信用リスクを加味した最新の割引率で割り引いた測定値

(3-b)　将来キャッシュ・フローのみを継続的に見積り直す場合

　　　　測定時点で見積もった将来キャッシュ・アウトフローを，負債が生じた時点における割引率で割り引いた測定値

(3-c)　将来キャッシュ・フローを見積り直さず，割引率も改訂しない場合

　　　　負債が生じた時点で見積もった将来キャッシュ・アウトフローを，その時点での割引率によって割り引いた測定値

(4)　**市場価格**：(資産と同じ)

（５）収益の測定

(1)　**交換に着目した収益の測定**：財やサービスを第三者に引き渡すことで獲得した対価によって収益を測定する方法

(2)　**市場価格の変動に着目した収益の測定**：資産や負債に関する市場価格の有利な変

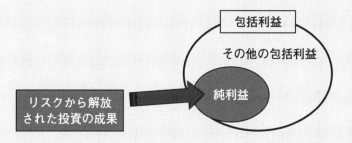

純利益
±その他の包括利益
包括利益

リスクから解放
された投資の成果

包括利益
その他の包括利益
純利益

解説 5

財務諸表における認識と測定

　最後に，上記のように，資産は将来に経済便益をもたらす経済的資源，負債はそれを引き渡す義務と定義され，認識領域が将来方向に拡大されることになる。では，そのように将来方向に拡大された資産・負債をどのように認識，測定するのであろうか。認識とは，ある項目，事象をいつ財務諸表で計上するかということである。それは，資産・負債の定義を満たした項目について，発生の可能性がある場合である。

　資産・負債の定義を満たした項目は，どのようにして測定されるのであろうか。これまでの「企業会計原則」では，資産・負債の測定方法は，基本的には取得原価であった。しかし，現代の会計では，取得原価の他に，時価や将来キャッシュ・フローを見積もって，それを現在価値に割り引く方法など，多様な測定方法が用いられている。以下で，それぞれの測定方法の概要を説明する。

市場価格：市場価格という用語は，時価と同じであると解されるが，「日本の現行基準においては，市場価格と時価が異なる意味で用いられている。狭い意味で使われるのは市場価格であり，この用語は実際に市場が存在する場合にしか用いられない。これに対し，時価は公正な評価額と同義であり，観察可能な市場価格のほか，推定された市場価格なども含んでいる」という。つまり，市場が存在している場合の時価が市場価格という意味で用いられている。そこで，資産の測定目的により，以下のような市場価格が測定方法として用いられる。

　（2-a）　**購買市場と売却市場とが区別されない場合の市場価格**：これは購入者と売却者が同じ市場で売買をするときに成立する価格であり，証券市場がそれに該当する。この市場価格は，資産を処分ないし清算したときに得られる資金の額，あるいは再取得するのに必要な資金の額を表し，資産の処分を前提としている場合などに用いられる。

　（2-b）　**購買市場と売却市場とが区別される場合の市場価格**：これは，たとえば，中古車市場を例に考えてみよう。自分が所有する車を売却しようとする時の価格と，同じような車種，年式の車を中古車で購入しようとする場合の価格とは異なる。つまり，売却する市場と購入する市場が異なるのである。なぜなら，中古車業者は中古車を購入し，それに自分の儲けをつけて中古車を販売するからである。そこで，そのような価格を測定方法として用いる場合に，売却市場で成立する価格から売却するための経費を差し引いた金額を

動によって収益を測定する方法

(3) **契約の部分的な履行に着目した収益の測定**：財やサービスを継続的に提供する契約が存在する場合，契約の部分的な履行に着目して収益を測定する方法

(4) **被投資企業の活動成果に着目した収益の測定**：投資企業が被投資企業の成果の獲得に応じて投資勘定を増加させて収益を測定する方法

(6) 費用の測定

(1) **交換に着目した費用の測定**：財やサービスを第三者に引き渡すことで犠牲にした対価によって費用を測定する方法

(2) **市場価格の変動に着目した費用の測定**：資産や負債に関する市場価格の不利な変動によって費用を測定する方法

(3) **契約の部分的な履行に着目した費用の測定**：財やサービスの継続的な提供を受ける契約が存在する場合，契約の部分的な履行に着目して費用を測定する方法

(4) **利用の事実に着目した費用の測定**：資産を実際に利用することによって生じた消費や価値の減耗にもとづいて費用を測定する方法

　第2章で学習したように，「企業会計原則」では，過去の収入・支出にもとづいて，実現した収益に対して，その収益の獲得に貢献した費用を対応させて適正な期間損益計算を行うことによって，利害関係者の利害を調整するということを会計の主目的としていた。それに対して，概念フレームワークは，投資家等の意思決定に有用な情報提供を会計の主目的とすることにより，企業が獲得する将来のキャッシュ・フローの予測に役立つ情報が強調され，資産は経済的資源（将来のキャッシュの獲得に貢献する便益の源泉），負債はその経済的資源を引き渡す義務と定義され，将来の事象を認識の対象とすることを論理化している。そのように将来方向に概念的に拡大された資産・負債を測定するために，過去の支出・収入額である取得原価の他に，市場価格や割引価値など多様な性質をもつ測定方法が導入されたのである。このような会計目的の変化（会計理論の転換）は，減損会計や資産除去債務会計など，将来の費用・損失事象を早期に計上する，すなわち，認識領域の拡大化を推し進める現代の会計実務の成立を論理化するためになされると考えられる。そこに概念フレームワークの本質的な役割があるのである。

正味実現可能価額，購買市場で成立する価格を再調達原価という。

　正味実現可能価額は，保有する資産を測定時点で売却することによって回収できる資金の額を表し，再調達原価は，保有する資産を測定時点であらためて調達するのに必要な資金の額を表す。

割引価値：資産の利用から得られる将来キャッシュ・フローの見積額を，割引率によって測定時点まで割り引いた測定値であり，割引現在価値ともいう。将来キャッシュ・フローを割り引いた測定値とはどういうことであろうか。割引現在価値の考え方を説明しよう。

　たとえば，100万円を利率年1％の条件で顧客に貸し付けたとしよう。1年後に元本の返済と利息の受取をするとすれば，元本100万円＋利息1万円（100万円×1％）＝合計101万円が受領額となる。

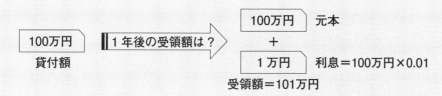

　この逆の考え方が割引現在価値である。1年後に元本と利息を合わせて101万円を受領できるとする。利息は上記と同じ年1％とする。現時点でいくらの貸し付けをしたことになるだろうか。元本をxとして，計算式を作ると，x（元本）＋x×0.01（利息）＝101万円となる。これでxを求めると，101万円÷1.01＝100万円となる。

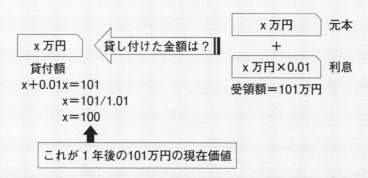

　言い換えると，1年後に101万円を受け取ろうとすれば，現在100万円を貯金すれば，1％の利息が付いて，101万円になるということである。逆に，1年後に101万円を支払わなければならい場合，現在手許に100万円あって，それを貯金していれば，1年後に利息1万円が付いて101万円になって，支払うことができるということである。つまり，1年後の101万円の現在の価値は，100万円ということになる。これが現在価値の考え方である。

　現在価値は，将来受け取るであろう金額（あるいは，支払うであろう金額）を利子率で現在に割り引く（＝割り算をする）ことである。現在手許に現金があって，それを貯金しておくだけで利息が付いて，将来の金額は大きくなる。この逆が現在価値の考え方であるから，将来に支払うべき金額には利息とみなされる金額が含まれているのだから，その利息とみなされる金額を控除したものが現在の金額になるということである。

Ⅱ 資　　　産

貸借対照表

資　　　産	負　　　債
	期 首 資 本 （期首純資産）
	当 期 純 利 益

損益計算書

費　　　用	収　　　益
当 期 純 利 益	

資産の会計上の意味と分類

1　資産の会計上の意味

　会計における資産とは，貨幣，商品，有価証券，および建物といった財貨，売掛金や貸付金といった債権，特許権や商標権などの権利，期間損益計算を適正に行うために生じる経過勘定項目（前払費用，未収収益）や特定の支出額（繰延資産）などをいう。

　それでは，そのような資産が，会計上どのような意味を持つのか考えてみよう。期末資産＝期末負債＋期首資本＋利益（もしくは－損失）という貸借対照表の仕組みからもわかるように，資産の増減は，負債と資本を一定とするならば，利益の増減をもたらす。

貸借対照表

資　　産 （ここで説明する内容）	負　　債 （Ⅲで説明する内容）
	期首資本 （Ⅳで説明する内容）
	利　　益

　現金を支払うことによって新たな資産を取得した場合（資産の増加と資産の減少），借金をして新たな資産を取得した場合（資産の増加と負債の増加），あるいは株主からの出資によって新たな資産を取得した場合（資産の増加と資本の増加）は，利益の増減には影響しない。しかし，新たな資産が計上されると，第2章で説明したように，適正な期間損益計算を行うために，その取得原価が費用として配分される（たとえば，固定資産の減価償却など）。つまり，計上された資産は費用化されるのである（**解説1**　[*R-24*]）。

解説 1

資産の会計上の意味

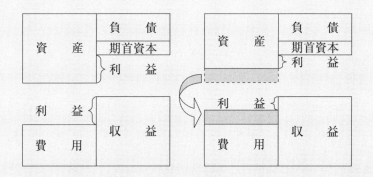

　以上のように，最終的な純損益の算定においては，資産の増加は利益の増大をもたらすが，いったん資産が計上されると，そのプロセスにおいては，費用配分をつうじて，利益のマイナスに機能するのである。このため，資産として計上される項目や金額，配分方法は，利益の増減に影響するのである。ここに資産の会計上の意味があると考える。

2　資産の分類

　「企業会計原則」の貸借対照表原則二および三は，貸借対照表の資産の部を流動資産，固定資産，繰延資産に区分し，資産の項目を原則として流動性配列法（**解説 2**　[*R–25*]）よって配列することを要求している。

資産の部
- ・流動資産
- ・固定資産
  - 有形固定資産
  - 無形固定資産
  - 投資その他の資産
- ・繰延資産

　資産項目を流動資産か固定資産かに分類するのは，正常営業循環基準と 1 年基準という 2 つの判断基準によって決定される。

　正常営業循環基準とは，企業の主目的たる営業取引の過程，つまり，現金→商品の仕入（製品の製造）→商品の販売（製品の販売）→売上債権→現金という一連の循環過程内にあるものについては，流動資産とするというものである。この基準で流動資産とされる項目には，商品，製品などの棚卸資産，受取手形，売掛金，前払金などがある。その正常営業循環に当てはまらない項目については，1 年基準が適用される。

　1 年基準とは，1 年以内に現金化が予定されているかどうかで判断し，1 年以内であると判断された項目については流動資産とし，1 年を超えるものについては固定資産とするというものである（**解説 3**　[*R–25*]）。

解説 2

流動性配列法

　貸借対照表項目の配列方法には，流動性配列法と固定性配列法があるが，「企業会計原則」の貸借対照表原則三で「資産及び負債の項目の配列は，原則として，流動性配列法によるものとする」とされている。

　流動性配列法は，流動資産，固定資産，繰延資産の順に記載し，固定性配列法は，固定資産，流動資産，繰延資産の順に記載する。固定性配列法は，電気事業など固定資産の占める割合が大きい企業で用いられている。

解説 3

資産の分類

　正常営業循環基準と1年基準によって，資産の諸項目を分類すれば，下記表のようになる。なお，繰延資産として計上できるのは，下記5項目に限定されている。

区分		その区分に含まれる項目の例
流　動　資　産		・現金預金・売買目的有価証券 ・取引先との通常の商取引によって生じた受取手形，売掛金などの債権 ・商品，製品，原材料，仕掛品などの棚卸資産 ・期限が1年以内に到来する債権 ・1年以内に費用になる前払費用
固定資産	有形固定資産	・建物・構築物・機械装置・船舶・車両運搬具・工具器具備品 ・土地・建設仮勘定
	無形固定資産	・特許権・地上権・商標権・のれん
	投資その他の資産	・子会社株式・流動資産に属さない有価証券 ・出資金・長期貸付金 ・有形固定資産，無形固定資産，繰延資産に属さない長期資産
繰　延　資　産		・創立費・開業費・開発費・株式交付費・社債発行費等

3 資産の貸借対照表価額

「企業会計原則」の貸借対照表原則五において，貸借対照表に記載する資産の価額は，原則として，当該資産の取得原価を基礎として計上し，その資産の取得原価は，資産の種類に応じた費用配分の原則によって，各事業年度に配分しなければならないとしている。すなわち，貸借対照表に計上される資産の金額は，その資産を取得するために支出した原価から，費用に配分された原価（費消した原価）を控除した未費消の原価である。つまり，「企業会計原則」でいうところの資産とは，未費消原価を表すことになる（**研究1** [***R-26***]）。

資産の各項目の認識と測定について，第4章，第5章，および第6章で説明する。

研究 1

資産概念の変化

　資産についての考え方には，換金可能な財貨や権利などに限定して資産とする考え方，期間損益計算の観点から，将来，収益の獲得に貢献する原価のうちいまだ費用として配分されていない部分（未費消原価）を資産とする考え方，アメリカ財務会計基準審議会（FASB）や国際会計基準審議会（IASB）の概念にみられるように，原価にとらわれず将来の経済便益（economic benefit）を資産とする考え方などがある。

　資産概念は，ある資産を貸借対照表に計上するための論理付けを行うものであり，新たな資産概念の登場は，歴史的にみて新しい資産項目を貸借対照表に取り込む基礎となり，資産の範囲の拡大を合理づけるために用いられてきたといえる。また，資産概念は，ある資産項目を貸借対照表に計上するための認識基準になるだけでなく，金額の決定方法（測定基準）の合理性にも影響を与える。

　わが国「企業会計原則」が基礎とする資産概念においては，資産は当該資産を取得し使用するに至るまでに支出した金額（取得原価）で計上され，当期に実現した収益に対して貢献した費用を対応させて適正な期間損益計算を行うために，当該資産の取得原価が費用として配分される。したがって，資産の貸借対照表価額は，配分されずに残留している原価（未費消原価）ということになる。

　それに対して，FASBやIASBの公表する会計基準が理論的拠り所としている概念フレームワークにおいては，資産は「将来経済便益をもたらすもの」と定義されている。この定義にもとづくと，固定資産の貸借対照表価額は，当該固定資産を使用することにより将来もたらされるであろうキャッシュ・フローの金額であり，減価償却も将来キャッシュ・フローの減少として論理化されることになる。

　以上のように，日本の「企業会計原則」が基礎とする概念では，「支出した原価」（原価基準）を基礎として資産の認識・測定が行われるのに対して，FASBやIASBが基礎とする概念では，「将来キャッシュ・フロー」が強調され，時価や将来キャッシュ・フローをベースとする測定方法（公正価値）による計上も論理化されることになる。

第4章 流 動 資 産

1 流動資産の範囲

　流動資産に区分される項目は，①現金・預金（ただし，預金については，期限が1年を超えて到来するものは，投資その他の資産に属する），②正常営業循環基準が適用される債権と棚卸資産，③正常営業循環基準が適用されない債権のうち1年以内に入金の期限が到来するもの，④売買目的有価証券，⑤満期保有目的債券のうち1年以内に償還期限が到来する有価証券，⑥前払費用のうち1年以内に費用となるものである。

　こうして流動資産として区分された項目は，その特性によって当座資産，棚卸資産，その他の流動資産に分類される。

2 流動資産の種類

（1）当 座 資 産

　当座資産には，①現金・預金，②受取手形，売掛金，貸付金などの金銭債権，③有価証券が含まれる。

①現金・預金

　現金には，一般的に通貨と呼ばれるものの他に，他人振り出しの小切手や郵便為替証書，配当金領収証，期限の到来した公社債の利札など金融機関において即時換金可能なもの（通貨代用証券という）を含む。

　預金には，短期預入金と1年を超えるような長期預入金がある。長期預入金については，流動資産とせず，固定資産とする。貸借対照表では現金と預金をまとめて「現金および預金」として表示する。

研究1

金融商品の評価

　わが国の金融商品会計基準では，有価証券のうち売買目的有価証券及びその他有価証券に分類される有価証券は時価をもって貸借対照表額とすることとなっているが，時価の算定方法に関する詳細なガイダンスを定めてこなかった。一方，国際会計基準審議会（IASB）やアメリカ財務会計基準審議会（FASB）では，会計基準において詳細なガイダンスを定めている。

　わが国の会計基準と国際的な会計基準の整合性を図るという目的から，2019年7月，企業会計基準委員会（ASBJ）は企業会計基準第30号「時価の算定に関する会計基準」を公表した。企業会計基準第30号の公表にあたり，ASBJは，「時価」という用語にかえてIASBやFASBの金融商品会計基準において用いられている「公正価値」という用語との統一を検討したが，わが国における他の関連諸法規において時価という用語が広く用いられていること等を配慮して「時価」を用いることとしたが，その内容はIASBが公表する国際財務報告基準（IFRS）第13号「公正価値測定」とほぼ同じ内容となっている。

　企業会計基準第30号の公表によって，時価は「算定日において市場参加者間で秩序ある取引が行われると想定した場合の，当該取引における資産の売却によって受け取る価格又は負債の移転のために支払う価格をいう」というように定義された。この定義は，IFRS第13号と同じく，時価の算定を市場の評価に基づき見積もりを行うとするとともに，入口価格ではなく出口価格であることを明らかにしている。

解説1

棚卸資産の範囲

　企業会計基準第9号「棚卸資産の評価に関する会計基準」の3では，棚卸資産の範囲を，「商品，製品，半製品，原材料，仕掛品等の資産であり，企業がその営業目的を達成するために所有し，かつ，売却を予定する資産のほか，売却を予定しない資産であっても，販売活動及び一般管理活動において短期間に消費される事務用消耗品等も含まれる」というように定めている。

　企業会計基準第9号は，連続意見書第四の七を踏襲している。連続意見書第四の七では，棚卸資産の範囲を次のように定めている。
　（1）　通常の営業過程において販売するために保有する財貨又は用役
　（2）　販売を目的として現に製造中の財貨又は用役
　（3）　販売目的の財貨又は用役を生産するために短期間に消費されるべき財貨
　（4）　販売活動及び一般管理活動において短期間に消費されるべき財貨
　（1）に含まれるものの例としては，「製品」と「商品」があり，自社で生産したものを「製品」，他社から販売目的で購入した製品を「商品」と呼ぶ。

②金 銭 債 権

　金銭債権は，①受取手形や売掛金のような売上債権と，②貸付金や未収金などのその他
の金銭債権にわけることができる。この区分は，主たる営業活動から生じた債権とそれ以
外とを明らかにすることから生じている。つまり，商品や製品を取引先に渡し，後日代金
を回収するという債権は，主たる営業活動に関わるものであるため売掛金となるが，本来
その売買によって主たる営業活動を支えることを目的としていないもの，たとえば，工場
機械の売却により生じた債権は，未収金として処理するということである。

　金銭債権は，通常，貸倒れが生ずることが想定されるため，決算時において貸倒引当金
を控除する形式で貸借対照表に表示する。貸倒引当金については，「第9章引当金」のと
ころで説明する。

③有 価 証 券

　有価証券には，株式，社債，国債，地方債などが含まれる。有価証券を取得する目的
は，資金運用や他会社の支配などにある。

　有価証券の取得原価は，原則として購入代価に手数料等の付随費用を加算した額であ
る。同一銘柄の有価証券を異なる金額で取得した場合は，平均原価法などの方法を用いて
取得原価を決定する。

　取得した有価証券は，その保有目的に応じて，売買目的有価証券，満期保有目的債券，
子会社株式・関連会社株式，その他有価証券に分類され，売買目的有価証券および1年以
内に満期の到来する社債その他の債券は「流動資産」に属し，それ以外の有価証券は「投
資その他の資産」に属する。

　有価証券は期末にそれぞれの分類ごとに異なる方法によって評価される。売買目的有価
証券は，主に短期的な価格の変動による利益を得ることを目的として保有する有価証券
で，期末には時価で評価し，評価差額は当期の損益として計上される（**研究1**［**R-27**]）。
満期保有目的債券，子会社株式・関連会社株式，その他有価証券については，「第5章 固
定資産」で説明する。

（2）棚 卸 資 産

　棚卸資産とは，企業が販売目的で一時的に保有している「製品・商品」，「半製品・仕掛
品」，「原材料」，「事務用消耗品等」をいう（**解説1**［**R-27**]）。

①棚卸資産の貸借対照表価額と売上原価

　棚卸資産の取得原価は，購入代価または製造原価に引取費用等の付随費用を加算した金

（2）に含まれるものの例としては，「半製品」と「仕掛品」があり，その違いは自社で生産途中である未完成品のうち，市場があるものを「半製品」，市場がないものを「仕掛品」という。

（3）に含まれるものの例としては，「原材料」がある。

（4）については，事務用消耗品や包装用紙材などが含まれる。

解説2

引取費などの付随費用はなぜ棚卸資産の取得原価に含めるのか？

商品を仕入れるさいに，引取費等の付随費用が発生する場合がある。これを支出した期の費用とはせずに，棚卸資産の取得原価に算入するのはなぜか。商品を仕入れる側は，商品を販売し，収益を獲得するために商品を仕入れるのであるから，引取費も商品を販売するために支払うのである。したがって，費用収益対応の原則から，その商品を販売し，収益を獲得したときに，その引取費を費用として計上することによって，収益と対応させるのである。そのために，引取費を棚卸資産の取得原価に含めて，当該棚卸資産が販売されたときに，売上原価として費用計上するのである（解説3も参照のこと）。

解説3

棚卸資産の貸借対照表価額と売上原価の関係

たとえば，A商品を@100円で5個仕入れ，そのさいに，引取費150円を支払ったとしよう。その商品のうち当期に@160円で3個を売り上げたとする。

下記の図のように，棚卸資産を取得するために支出した原価650円は，5個の商品に配分され，1個の仕入原価は130円となる。当期に3個の商品を売り上げたのだから，売上は480円となり，その収益を獲得するために費消した原価（売り上げた商品の原価）は390円となる。つまり，支出した原価のうち，費消部分390円は売上原価として配分され，未費消の原価（売れ残った商品の原価）260円は棚卸資産として次期に繰り越されるのである。

額である（**解説2** ［**R-28**］）。販売時には，棚卸資産の費消額は売上数量×払出単価によって算出し，売上原価（費用）として計上する。この結果，取得した棚卸資産の原価のうち，当期の売上収益に対応させられる原価（費消部分）は売上原価として費用に配分され，配分されない原価（未費消の部分）が棚卸資産の期末貸借対照表価額になる（**解説3** ［**R-28**］）。

②**棚卸資産の貸借対照表価額の算定方法**

棚卸資産の貸借対照表価額を算定するためには，つまり，取得原価を売上原価と棚卸資産とに配分するためには，まず，棚卸資産の費用化額（売上原価）を算定しなければならない。

売上原価＝売上数量×払出単価（売り上げた商品の仕入単価）

上記の式から，売上原価を算定するには，売上数量と払出単価（売り上げた商品の仕入単価）を決定しなければならない。そこで，売上数量と払出単価を決定する方法にどのようなものがあるのか，以下で説明しよう。

〈売上数量の決定〉

売上数量の算定方法には，継続記録法と棚卸計算法（実地棚卸法）がある（**解説4** ［**R-29**］）。

（1）**継 続 記 録 法**

商品有高帳などを設けて，棚卸資産の種類別に，入庫および出庫のたびにその事実を記録することによって，帳簿から直接，売上数量を把握する方法である。そのことによって，帳簿上あるべき在庫量（残高）もつねに把握することができる。しかし，実際には，破損，紛失等によって商品が無くなっている場合などがあり，帳簿上での在庫量と実際の在庫量とが異なる場合がある。そのため，帳簿上の数量と実際の数量とを比較することで，棚卸不足の有無が把握され，またその原因が解明される。継続記録法だけだと帳簿上の数量しかわからないので，棚卸計算法（実地棚卸法）を用いることにより実際の数量を把握することが必要となる。

（2）**棚卸計算法（実地棚卸法）**

期末に棚卸資産を実地に調査することによって実際の在庫数量を把握し，次の算式から売上（払出）数量を間接的に算定するものである。

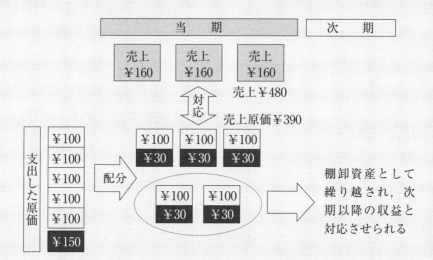

継続記録法と棚卸計算法（実地棚卸法）

　継続記録法は，商品有高帳を設けて，棚卸資産の受入れ（仕入），払出し（売上）ごとに数量を記録し，帳簿によって在庫量を明らかにする方法である。

　棚卸計算法は，期末において実際に棚卸を行い，その棚卸数量を期首の在庫量と期中の受入れ（仕入）数量の合計から控除することによって払出し（売上）数量を間接的に明らかにする方法である。

　いずれか一つの方法によっては，盗難や損傷などの減耗を把握することができないため，両者を併用することが望ましいといわれる。

（1）継続記録法による棚卸資産数量の計算

　継続記録法では，次のように棚卸資産数量の計算が行われる。

① 販売用商品の購入数量（仕入数量）：10個

② 商品の販売数量（売上数量）：7個

③ 帳簿上の在庫数量（棚卸資産数量）：10個−7個＝3個

　継続記録法では，実地棚卸を行わないため，帳簿上の在庫数量3個が実際に存在するかどうかを確認できない。

（2）棚卸計算法による棚卸資産数量の把握

　棚卸計算法では，直接，在庫数量を確認するが，棚卸資産の販売ごとの数量記録は行わないので，販売数量の計算が必要となる。

① 販売用商品の購入数量（仕入数量）：10個

② 商品の販売数量（売上数量）：何個販売したかは不明

③ 在庫数量（棚卸数量）：2個（実際の在庫数量を確認するために，実地棚卸を行ったところ在庫数量は2個であることが判明した。）

$$売上数量＝期首棚卸数量＋当期仕入数量－期末実地棚卸数量$$

　この方法によると，実務的には簡便に売上数量を計算できる。しかし，そこには盗難や紛失による数量も含まれてしまうため，通常の払出によるものとの区別ができず，管理上不十分である。そのため，重要な棚卸資産（商品や製品など）については，継続記録法との併用が望ましいといわれる。

〈払出単価の決定〉

　払出単価（売り上げた商品の仕入単価）を決定する方法として，「企業会計原則」注解21は以下のような方法を挙げている（**解説5** ［*R-30*]）。現在の会計基準では，個別法，先入先出法，平均原価法，売価還元法が認められており，後入先出法を用いることはできない（企業会計基準第9号「棚卸資産の評価に関する会計基準」第6-2項）。

(1) 個　別　法

　棚卸資産の取得原価を異にするにしたがい区別して記録し，その個々の実際原価によって期末棚卸品の価額を算定する方法。

(2) 先 入 先 出 法

　最も古く取得されたものから順次払出しが行われ，期末棚卸品は最も新しく取得されたものからなるとみなして期末棚卸品の価額を算定する方法。

(3) 後 入 先 出 法

　最も新しく取得されたものから払出しが行われ，期末棚卸品は最も古く取得されたものからなるとみなして期末棚卸品の価額を算定する方法。

(4) 平 均 原 価 法

　取得した棚卸資産の平均原価を算出し，この平均原価によって期末棚卸品の価額を算定する方法。平均原価は，総平均法または移動平均法により算出する。

(5) 売価還元原価法

　異なる品目の資産を値入率の類似性に従って適当なグループにまとめ，一グループに属する期末商品の売価合計額に原価率を適用して期末棚卸品の価額を算定する方法。この方法は，取扱品種のきわめて多い小売業および卸売業における棚卸資産の評価に適用される。

　棚卸計算法では，在庫数量2個は事実であるため問題はない。販売数量については，個別の販売数量管理を行っていない場合，販売数量の把握ができないため，次のように計算される。

　　　　　商品の購入数量（仕入数量）10個－在庫数量2個＝販売数量8個

　しかし，この場合，販売数量8個に，盗難や損傷によるものが入っているかどうかはわからない。

（3）継続記録法と棚卸計算法の併用による棚卸資産数量の計算

　まず，継続記録法による棚卸資産の数量計算を行う。

①　販売用商品の購入数量（仕入数量）：10個

②　商品の販売数量（売上数量）：7個

③　帳簿上の在庫数量（棚卸資産数量）：10個－7個＝3個

　次に，実際の在庫数量を確認するために，実地棚卸を行う。

④　実地棚卸の結果，実際の在庫数量（棚卸数量）は2個であったことが判明した。

　この場合，帳簿上の在庫数量3個を実際の在庫数量2個にあわせるために，失われた1個分は，棚卸資産から減額するとともに，棚卸減耗損として費用計上する。

　解説 5

払出単価（売り上げた商品の仕入単価）の決定方法の必要性

　たとえば，仕入単価がすべて@100円のA商品が5個あったとしよう。そのうち3個を@150円で販売したとする。この場合，払出単価（売り上げた商品の仕入単価）は@100円であり，売上原価は300円となる。

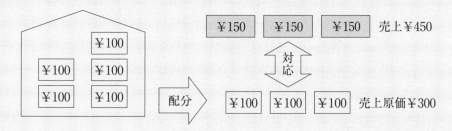

　しかし，同じ商品でも，仕入単価はたえず変動している。たとえば，@100円で仕入れたA商品が3個，110円で仕入れたA商品が2個あったとしよう。そのうち3個を@150円で販売したとする。この場合，売上原価はどうなるのであろうか。仕入単価100円を3個売り上げたのか，あるいは100円を2個と110円を1個売り上げたのか。あるいは他の組み合わせなのかはわからない。そこで，仕入単価の異なる商品がある場合に，どの仕入単価の商品を売り上げたのか，どの仕入単価の商品が残っているのかを決定するために，先入先出法や平均原価法などの方法が必要とされるのである。つまり，それらの方法は支出した原価（商品の仕入原価）を売上原価と棚卸資産に配分する方法なのである。

設例 1

　次の12月中のA商品に係る資料にもとづいて，先入先出法，後入先出法，総平均法による売上原価，棚卸資産期末帳簿有高，売上総利益をそれぞれ求めなさい（**解説 6 [R–31]**）。

12月	1日	前 期 繰 越	100個	@￥100
	5日	仕 　 　 入	100個	@￥110
	10日	売 　 　 上	150個	@￥180
	15日	仕 　 　 入	100個	@￥117
	20日	売 　 　 上	50個	@￥190

	売 上 高	売 上 原 価	売上総利益	期末帳簿有高
先入先出法	36,500	21,000	15,500	11,700
後入先出法	36,500	21,850	14,650	10,850
総 平 均 法	36,500	21,800	14,700	10,900

③棚卸資産の評価

　上記の方法によって売上数量と払出単価が決定され，売上原価が計算される。棚卸資産の取得原価のうち売上原価に配分されなかった原価が期末棚卸資産の貸借対照表価額となる。しかし，当該期末棚卸資産の正味売却価額が取得原価よりも下落している場合には，当該正味売却価額をもって貸借対照表価額とする。この場合，取得原価と正味売却価額との差額は当期の費用として処理される（企業会計基準第9号「棚卸資産の評価に関する会計基準」第7項）。ここでいう正味売却価額とは，売価から見積追加製造原価および見積販売直接経費を控除したものをいう（同基準第5項）（**補足 1 [R–32]**）。

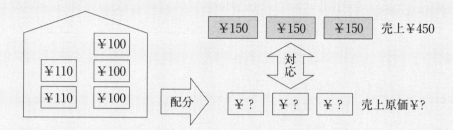

解説6

棚卸資産の貸借対照表価額と売上原価の算定（設例1の解説）

① **先入先出法**：先に仕入れたものから先に出す（売り上げた）と仮定する方法。

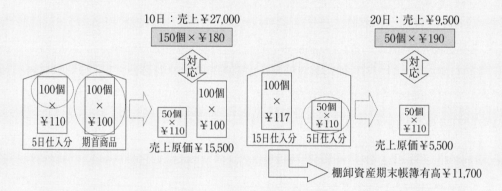

② **後入先出法**：後に仕入れたものから先に出す（売り上げた）と仮定する方法。

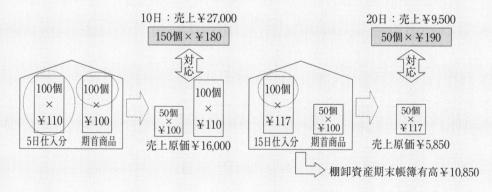

③ **総平均法**：一定期間の総仕入商品の平均単価を計算し、それをもって当該期間の売り上げた商品の仕入単価とする方法。

（3）その他の流動資産

①前 払 費 用

　前払費用とは，保険掛け金の前払いのように，一定の契約によって継続的にサービスを
受ける場合，支払われた対価のうち，まだサービスの提供を受けていない部分をいう。こ
のようなサービスの提供を受けていない対価は，時間の経過とともに次期以降の費用とな
るので，その部分を当期の費用から除去するとともに，前払費用（資産）として次期以降
に繰り延べる。ただし，決算日の翌日から1年以内に費用となるものについては流動資産
とし，そうでないものについては，固定資産（投資その他の資産）となる（**補足2**［**R–
33**]）。

設例2

　次の一連の取引について，仕訳を示しなさい。ただし，会計期間は4月1日から3
月31日までの1年である。

（1）20X1年10月1日　向こう2年間の火災保険契約を締結し，2年分の保険料
　　　24,000円を現金で保険会社に支払った。

（2）20X2年3月31日　決算にあたり，保険料の未経過分を次期に繰り延べた。

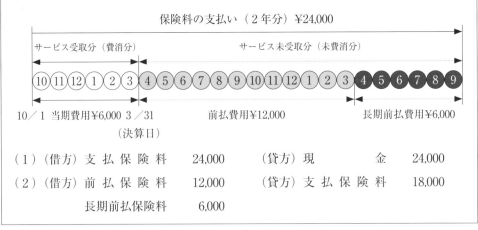

（1）	（借方）支 払 保 険 料	24,000	（貸方）現 　 　 金	24,000
（2）	（借方）前 払 保 険 料	12,000	（貸方）支 払 保 険 料	18,000
	長 期 前 払 保 険 料	6,000		

　当該保険料についての20X2年の3月31日における処理は，この時点においてサービス
を受けたのは6ヶ月分であるため，支出した24,000円（24ヶ月分）のうち，6ヶ月分にあ
たる6,000円を支払保険料（費用）とし，残額の18,000円については前払費用（資産）とす
る。さらに，前払費用のうち，次期（1年以内）においてサービスを受ける部分12,000円

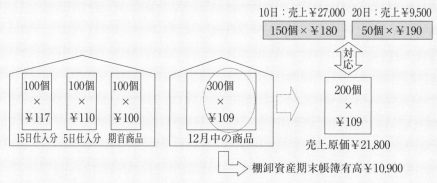

　このように，商品の仕入原価32,700円は，売上原価と期末棚卸資産に配分されるが，いずれの方法によるかによって，売上原価が異なり，棚卸資産期末帳簿有高も異なることになる。ただし，これはあくまでも売上原価を決定するための帳簿上での仮定であって，実際の商品の流れとは異なる。

　　補足 1

低価法と強制評価減

　これまで「企業会計原則」では，期末棚卸資産の評価については，低価法の選択適用と，強制評価減の適用が要求されていた。

　低価法とは，原価と時価を比較し，いずれか低い方を選択し，時価の方が低ければ，原価を修正し時価に合わせるというものである。「企業会計原則」貸借対照表原則五のAでは，「たな卸資産の貸借対照表価額は，時価が取得原価よりも下落した場合には時価による方法を適用して算定することができる」というように低価法の適用は，企業の選択に委ねられていた。

　強制評価減とは，同五のAにおける棚卸資産の「時価が取得原価より著しく下落したときは，回復する見込みがあると認められる場合を除き，時価をもつて貸借対照表価額としなければならない」という規定にもとづくものである。

　しかし，2006年に企業会計基準委員会（ASBJ）から公表された企業会計基準第9号「棚卸資産の評価に関する会計基準」では，市場価格の下落という事実よりも資産の収益性の低下に注目し，「評価時点における資金回収額を示す棚卸資産の正味売却価額が，その帳簿価額を下回っているときには，収益性が低下していると考え，帳簿価額の切下げを行うことが適当である」（同基準第37項）とする減損の考え方が示され，棚卸資産の評価基準として「期末における正味売却価額が取得原価よりも下落している場合には，当該正味売却価額をもって貸借対照表価額とする」（同基準第7項）ことになった。

は流動資産とし，翌々期（1年を超える期間）においてサービスを受ける部分6,000円は固定資産とする。

②未収収益

　未収収益とは，たとえば，不動産を貸与し，その賃料を後日まとめて受け取るといった契約など，契約によって継続的にサービスを提供し，後日支払いを受ける対価のうち，提供済みのサービスにかかる部分をいう。このようなすでに提供したサービスに対する対価は，時間の経過にともないすでに当期の収益として発生しているのであるから，この部分を当期の収益として計上するとともに，未収収益として資産計上する（**補足3**　[**R-33**]）。

設例3

　次の一連の取引について，仕訳を示しなさい。ただし，会計期間は4月1日から3月31日までの1年とする。なお，家賃は6月末と12月末に半年分をまとめて受け取る条件である。

（1）12月31日　7月から12月まで（6ヶ月分）の家賃300,000円を現金で受け取った。

（2）3月31日　決算にあたり，当期の家賃未収分を計上した。

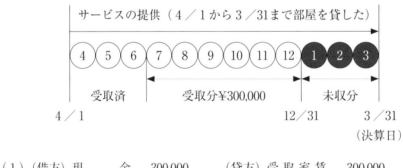

（1）（借方）現　　　金　300,000　　（貸方）受　取　家　賃　300,000
（2）（借方）未　収　家　賃　150,000　　（貸方）受　取　家　賃　150,000

　この場合，1月から3月までの家賃を受け取るのは次期の6月末であるが，当期3月末までにサービスの提供（部屋の提供）を行った150,000円（3ヶ月分）については，受取家賃（収益）を認識し，同額を未収家賃（資産）に計上する。このような1年以内に支払を受ける未収収益は，流動資産に属する。

補足2

前払費用と前払金の違い

「企業会計原則」注解5（1）では，「前払費用は，一定の契約に従い，継続して役務の提供を受ける場合，いまだ提供されていない役務に対し支払われた対価をいう。従つて，このような役務に対する対価は，時間の経過とともに次期以降の費用となるものであるから，これを当期の損益計算から除去するとともに貸借対照表の資産の部に計上しなければならない。また，前払費用は，かかる役務提供契約以外の契約等による前払金とは区別しなければならない」としている。

前払金は，商品などを仕入れるさいに，当該商品の仕入れを確実にするために前もって支払う手付金であり（すなわち，商品を購入する権利のようなものであり），当該商品を仕入れたときに前払金は消去される。それゆえ，時間の経過は関係ない。それに対して，継続して役務の提供を受ける契約の場合は，役務提供中であっても期間損益計算上，期末時点でいったん区切り，その時点で対価支払済みで役務の提供を受けていない部分は前払費用とし，次期以降も引き続き役務の提供を受けるのであるから時間の経過ともに費用となるのである。

補足3

未収収益と未収金の違い

「企業会計原則」注解5（4）では，「未収収益は，一定の契約に従い，継続して役務の提供を行う場合，すでに提供した役務に対していまだその対価の支払を受けていないものをいう。従つて，このような役務に対する対価は時間の経過に伴いすでに当期の収益として発生しているものであるから，これを当期の損益計算に計上するとともに貸借対照表の資産の部に計上しなければならない。また，未収収益は，かかる役務提供契約以外の契約等による未収金とは区別しなければならない」としている。

未収金は固定資産や有価証券の売却など，主たる営業活動以外の取引によって生じた取引において，対価をまだ受け取っていないものをいう。つまり，売却した役務などに対する対価を受け取る法律上の権利であり，対価を受け取った時点で未収金は消去される。それに対して，継続して役務の提供を行う契約の場合は，役務提供中であっても期間損益計算上，期末時点でいったん区切り，その時点で役務提供済みで対価を受け取っていない部分は未収収益として計上する。これは契約上定められた対価受取時点が決算時点と異なることから生ずるもので，契約上定められた対価受取日がくるまでは法律上の権利ではない。しかし，その時点を過ぎても対価の受取がなされない場合は，対価を受け取る法律上の権利となり，未収金として計上する。

第5章 固定資産

固定資産は，有形固定資産，無形固定資産，投資その他の資産に分類される。

1 有形固定資産

（1）有形固定資産とは

　有形固定資産とは，企業が本来の営業目的のために，長期間，すなわち，1年基準の適用により1年を超えて，所有し使用する具体的な形態をもったものをいう。たとえば，不動産会社が販売目的で所有する建物・土地は，営業目的であっても使用するために所有しているのではなく，販売のために保有しているので，棚卸資産となる。

　「企業会計原則」では有形固定資産に属する科目として以下の項目を挙げている。

① **建物**：営業用の家屋，店舗，工場のほかに，それに付属する冷暖房設備，照明設備，エレベータなどの昇降設備なども含まれる。

② **構築物**：橋，煙突，軌道，坑道などその土地に定着する土木設備または工作物をいう。

③ **機械装置**：工作機械などの各種の機械・装置のほかに，コンベヤー等の搬送設備なども含まれる。

④ **船舶**：タンカー，貨物船，漁船，客船などをいう。

⑤ **車両運搬具**：自動車，鉄道車両，フォークリフト，クレーン車などをいう。

⑥ **工具器具備品**：工作用具，エアコン，パソコン，机，応接セットなどをいう。ただし，耐用年数が1年以内，もしくは取得原価がある一定価額（税法上の金額）未満のものは消耗品として処理され，流動資産に分類される。

⑦ **土地**：営業用の家屋，店舗，工場の敷地のほかに，社宅の敷地，運動場も含まれる。

⑧ **建設仮勘定**：上記有形固定資産を建造するために支出した金額（建設業者や機械装置

解説1

固定資産と減価償却の考え方

　近代会計(「企業会計原則」の基本的な考え方)は,適正な期間損益計算を行うことを目的とする。適正な期間損益計算は,実現した収益に対して貢献した費用を対応させることによって行われる。

　固定資産を取得する目的は,それを使用することによって,使用している期間にわたって収益を獲得することである。固定資産は使用するにつれて費消される。したがって,固定資産を取得し使用するに至るまでに支出した原価は,支出した期に費用として計上するのではなく,それを使用する期間にわたって獲得された収益に対応するように,費用(費消した部分)として配分するのである。そのことによって,適正な期間損益計算が行われるのである。

　固定資産を取得し,使用できるようになるまでに支出した原価(取得原価)のうち,当期に配分された部分(費消した原価)は費用(減価償却費)として計上され,配分されなかった原価(未費消原価)は資産として次期以降に繰り越される。ゆえに,固定資産の貸借対照表価額は,取得原価から減価償却額を控除した金額となる。そして,貸借対照表に資産として計上された未費消原価は,次期以降の費用として配分されることによって,次期以降の収益に対応させられることになる。

　このように,固定資産の取得原価を配分する手続きが減価償却であり,その手続きによって配分された費用が減価償却費である。

　しかし,当期にどれだけの原価が費消されたかは目に見えない。そこで,支出した原価のうち当期に費消した原価の把握は,一定の計算方法(原価配分方法)によって行われる。その計算方法が定額法,定率法などの減価償却方法である。

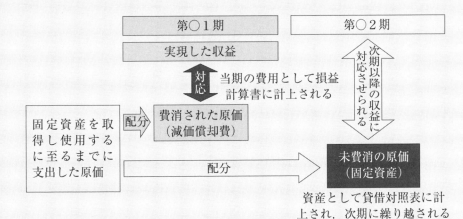

の注文先に対する前渡金，建設用材料などの買入代金を含む）を，それが完成し営業の
ために使用することができるようになるまで一時的に処理しておく未決算勘定。建造中
の有形固定資産が完成し引き渡しを受けた時点で，建設仮勘定残高を当該有形固定資産
の勘定に振り替える。

（2）有形固定資産の取得原価

固定資産の取得原価とは，当該資産を購入し営業目的のために使用するまでに支出した
金額のことをいう。有形固定資産の取得には，購入，自家建設，現物出資，交換，贈与な
どの形態があり，それぞれの取得形態により取得原価の決定方法が異なる。

① **購入による場合**：固定資産を購入によって取得した場合には，購入代金に，買入手数
料，運送費，荷役費，据付費，試験運転費などの当該資産を営業目的で使用することが
できるまでに要した付随費用を加えて取得原価とする（**解説1** [*R-34*]）（**解説2** [*R-
35*]）。

② **自家建設の場合**：固定資産を自家建設した場合には，適正な原価計算基準にしたがっ
て計算された製造原価をもって当該資産の取得原価とする。

③ **現物出資**：現物出資とは，出資者が会社に対して金銭以外の財産をもって出資するこ
と。株式を発行しその対価として固定資産を受け入れた場合，出資者に交付された株式
の発行価額をもって，受け入れた固定資産の取得原価とする。

④ **交　　換**：自己所有の固定資産と交換に固定資産を取得した場合には，交換される自己
所有の資産の適正な簿価をもって，その受け入れた固定資産の取得原価とする。自己所
有の有価証券と交換に固定資産を取得した場合には，当該有価証券の時価または適正な
簿価をもって取得原価とする。

⑤ **贈　　与**：贈与もしくは無償で固定資産を取得した場合には，時価などを基準として公
正に評価した額をもって当該資産の取得原価とする。

（3）有形固定資産の減価償却

有形固定資産の減価償却方法としては，次のような方法がある（**解説1** [*R-34*]）（**解
説3** [*R-35*]）（**補足1** [*R-36*]）。

① **定額法**：固定資産の耐用期間中，毎期均等額の減価償却費を計上する方法。

$$\boxed{（取得原価－残存価額）／耐用年数}$$

② **定率法**：固定資産の耐用期間中，毎期期首未償却残高に一定率を乗じて得た減価償却

解説2

付随費用はなぜ固定資産の取得原価に含めるのか？

　解説1で説明したように，固定資産は，それを使用することによって，それを使用している期間にわたって収益を獲得するために購入される。取得原価のうち，その収益の獲得に貢献した部分は費用（減価償却費）として計上される。固定資産を実際に使用するまでに要した付随費用は，その固定資産を使用するために支出されるのである。それを支出した期の費用とすれば，その付随費用はその期の収益の獲得のみに貢献するということになる。固定資産を使用するために要した費用であるならば，その固定資産を使用することによって獲得される収益に対応させなければならない。そのために，付随費用を固定資産の取得原価に含めることによって，その固定資産を使用する期間にわたって費用（減価償却費）として配分され，そのことによって，適正な期間損益計算が可能となるという論拠によるものである。

解説3

有形固定資産はすべて減価償却法により償却するのか？

　有形固定資産は取得原価の配分との関係から，建物・構築物などの償却性資産，土地・建設仮勘定などの非償却資産，鉄道のレールなどの取替資産，山林・鉱山などの減耗性資産という種類に分類され，それぞれの種類ごとに適切な配分手続（減価償却方法）が適用される。

〈減耗性資産〉
　山林・鉱山・油田のような天然資源は，伐採・採掘・採取され，材料または商品となるが，それらの天然資源は存在量が限られており，伐採・採掘・採取されるにつれて漸次減耗し，最終的には枯渇してしまう。このような天然資源を減耗性資産という。減耗性資産に適用される費用配分の手続を減耗償却という。減耗償却の方法は，生産高比例法と同じである。

〈非償却資産〉
　減価償却を行わない資産を非償却資産という。非償却資産には土地と建設仮勘定がある。土地は永久に減価しないという考えから減価償却の対象とはならず，建設仮勘定は費用配分の原則から収益を獲得するに至るまでは費用を配分しないという考えから，それが完成し営業目的のために使用されるまでは減価償却を行わない。

費を計上する方法。

$$（取得原価 － 既償却額）× 償却率$$

③　**級数法**：固定資産の耐用期間中，毎期一定の額を算術級数的に逓減した減価償却費を計上する方法。

> 第1年度（取得原価 － 残存価額）×（耐用年数／1＋2＋3…＋耐用年数）
> 第2年度（取得原価 － 残存価額）×｛（耐用年数－1）／（1＋2＋3…＋耐用年数）｝
> 第3年度（取得原価 － 残存価額）×｛（耐用年数－2）／（1＋2＋3…＋耐用年数）｝

④　**生産高比例法**：固定資産の耐用期間中，毎期当該資産による生産または用役の提供の度合に比例した減価償却費を計上する方法。この方法は，当該固定資産の総利用可能量が物理的に確定でき，かつ，減価が主として固定資産の利用に比例して発生するもの，たとえば，鉱業用設備，航空機，自動車などについて適用することが認められる。

$$（取得原価 － 残存価額）×（当年度利用量／総利用可能量）$$

⑤　**取替法**：鉄道のレールのように同種の物品が多数集まって一つの全体を構成し，老朽品の部分的取替を繰り返すことにより全体が維持されるような固定資産については，部分的取替に要した支出を費用として処理する方法（取替法）を採用することができる（**研究1**　[*R-36*]）（**解説4**　[*R-36*]）。

（4）有形固定資産の貸借対照表価額

　有形固定資産の貸借対照表価額（帳簿価額）は，当該有形固定資産の取得原価からこれまでに費用（減価償却費）として配分された原価の総額（減価償却累計額）を控除した金額となる。

（5）有形固定資産の修繕と改良

　修繕とは，有形固定資産の能力維持のために行われる修理・補修をいい，それに要した支出を修繕費という。修繕費は支出した期間の費用として処理する。

　改良とは，有形固定資産の使用可能期間を延長させる，あるいは，その能力・能率を高めることをいい，それに要した支出を改良費という。改良費は当該有形固定資産の取得原価に加算する（**解説4**　[*R-36*]）。

（6）減損

　減損とは，資産の収益性の低下により投資額の回収が見込めなくなった状態であり，減

補足1

税法上の減価償却

　2007年度税制改正により，2007年4月1日以後に取得した減価償却資産については，償却可能限度額および残存価額が廃止され，耐用年数経過時に残存簿価1円まで償却できるようになった。それにともない，これまでの計算の仕組みとは異なる定額法や定率法などが導入されている。

研究1

減価償却方法と費用計上の速さ

　減価償却方法は，一般的に，その固定資産の特性に応じて適用すべきであるといわれている。しかし，それぞれの減価償却方法によって算出される減価償却費は異なるのである。たとえば，定率法は定額法よりも早期に費用を配分する。つまり，現実的には，減価償却方法は，支出した原価を各期に配分する方法であり，いずれの方法を適用するかによって各期の配分額が異なるのである。

　また，税務上，取替資産については，取得原価の50％に達するまで定率法などの通常の減価償却方法を適用し，その後は取替法で行う方法も認められている（税務上の取替法）。この方法を適用すれば，通常の取替法よりも早期に取得原価を費用化することが可能となる。

解説4

資本的支出と収益的支出

　有形固定資産の取得時および取得後に行われる支出には，資本的支出と収益的支出がある。資本的支出とは，固定資産を取得し使用するに至るまでに要した支出の他に，取得後に行われた当該資産の能力・能率を高める支出，資産価値を高める支出，耐用年数の延長をもたらす支出であり，固定資産の原価を構成し（すなわち，固定資産の未償却残高に算入し），減価償却によって各期間に配分される。

　収益的支出とは，当該資産の本来の機能を維持するための修繕や補修に要した支出であり，支出した期に費用として計上する。

　なお，取替資産について適用される取替法は，破損などで一部分の物品を取り替えたときに，新資産を取得するために要した支出を収益的支出とみなし，その期の費用として計上する方法である。

損処理とは，そのような場合に，一定の条件のもとで回収可能性を反映させるように帳簿価額を減額する会計処理である（**研究2**　[*R-37*]）。

設例1

次の資料にもとづいて，定額法および定率法によりそれぞれ各年度の減価償却額を計算しなさい。決算は年1回とする。

機　　械：取得原価¥1,000,000　耐用年数5年

残存価額は取得原価の10%　定率法による償却率0.369

	定　額　法	定　率　法
第1年度	180,000	369,000
第2年度	180,000	232,839
第3年度	180,000	146,921
第4年度	180,000	92,708
第5年度	180,000	58,498
合　　計	900,000	899,966

＊両方法による減価償却費の合計額の差額（34円分）は，端数処理の関係上生じたものであるので，両方法による減価償却費の総額は事実上同額である。

2　無形固定資産

（1）無形固定資産とは

無形固定資産とは，有形固定資産とは異なり具体的な形態をもたないが，企業が長期間（1年を超える）にわたって，他の企業との競争にあたって経営活動を有利に展開することができる収益力要因である。

「企業会計原則」では無形固定資産に属する科目として以下の項目を挙げている。

① **営業権（のれん）**：他の企業を合併または買収するさいに認識される無形の収益力要因の存在事実を示す勘定（**解説5**　[*R-38*]）。

② **特許権**：工業所有権の一つで，特許法にもとづく権利をいう。すなわち，特許登録を受けた発明に係る物や方法の生産・使用・譲渡などを排他的・独占的になしうる権利。

③ **地上権**：他人の土地において，工作物または竹木を所有するためにその土地を使用しうる権利。

④ **商標権**：工業所有権の一つで，商標法にもとづく権利をいう。すなわち，特許庁に登録された商標（自分の提供する商品を他人のそれと区別するための目印として使用され

研究2

減 損 会 計

　減損処理は，2002年に公表された「固定資産の減損に係る会計基準」によって規定されている。減損会計の対象となるのは，固定資産に分類される資産（有形固定資産・無形固定資産・投資その他の資産）である。そのうち，他の基準に減損処理に関する定めがある資産は除外される。本基準で示されている減損処理の概要を以下で説明しよう。

（1）資産のグルーピング

　他の資産または資産グループから概ね独立したキャッシュ・フローを生み出す最小の単位で資産のグルーピングを行う。実務上，管理会計上の区分や投資の意思決定を行うさいの単位などを考慮してグルーピングが行われる。

（2）減損の兆候

　次に，上記でグルーピングを行った資産グループごとに，減損が生じている可能性を示す事象（減損の兆候）がある場合には，当該資産グループについて，減損損失を認識するかどうかの判定を行う。減損の兆候を示す事象には以下のようなものがある。

①当該資産グループが使用されている営業活動から生ずる損益またはキャッシュ・フローが継続してマイナスとなっているか，あるいは継続してマイナスとなる見込みであること。

②当該資産グループが使用されている範囲または方法について，当該資産グループの回収可能価額を著しく低下させる変化（たとえば，事業の廃止，事業の再編成，あるいは遊休状態になるような変化）が生じたか，あるいは生ずる見込みであること。

③当該資産グループが使用されている事業に関連して，経営環境が著しく悪化したか，あるいは悪化する見込みであること。

④当該資産グループの市場価格が著しく下落したこと。

（3）減損損失の認識の判定

　減損の兆候が認められた資産グループについて，当該資産グループから得られる将来キャッシュ・フロー（割引前）の総額を見積もり，その将来キャッシュ・フローの総額が帳簿価額を下回っている場合には減損損失を認識する。

（4）減損損失の測定

　上記で当該資産グループの将来キャッシュ・フローの総額が帳簿価額を下回っている場合には，当該資産の回収可能価額を見積もり，帳簿価額を当該回収可能価額まで減額し，その減額分を減損損失（特別損失）として計上するとともに，当該回収可能価額を当該資産グループの新たな帳簿価額とする。

　ここでいう回収可能価額とは，正味売却価額（時価から処分費用見込額を控除して算定される金額）と，使用価値（継続的使用と使用後の処分によって生ずると見込まれる将来キャッシュ・フローの現在価値）のいずれか高い方の金額をいう。

る標識）をその指定商品について排他的・独占的に使用しうる権利。

（2）無形固定資産の取得原価

　無形固定資産の取得原価は，基本的に前述の有形固定資産と同じ方法で決定される。

（3）無形固定資産の償却

　無形固定資産は他の企業との競争にあたって経営活動を有利に展開することができる収益力要因であるため，その収益力要因が効用を有する期間にわたって取得原価を費用として配分するのが合理的である。しかし，実務上，残存価額をゼロとした定額法が多く用いられており，償却期間は特許権，商標権などの法律上の権利に対しては，税法による法定耐用年数が用いられている。なお，地上権は非償却資産である。

（4）無形固定資産の貸借対照表価額

　無形固定資産の貸借対照表価額（帳簿価額）は，有形固定資産と同様に，当該無形固定資産の取得原価からこれまでに費用（償却費）として配分された原価の総額を控除した金額となる。

3　投資その他の資産

　長期間にわたり，資金を株式などに投下した資産を投資という。投資その他の資産に属するものには以下のものがある。
① 　**長期の資金運用を目的とする投資**：満期保有目的債券，その他有価証券，長期貸付金，投資不動産，1年以内に満期の到来しない預貯金など。
② 　**他企業を支配したり影響力を行使したりすることを目的とする資産**：子会社株式，子会社貸付金，関連会社株式など。
③ 　**その他の固定資産**：1年を超える長期前払費用，繰延税金資産など。
　第4章で概説したように，有価証券は保有目的に応じて，売買目的有価証券，満期保有目的債券，子会社株式・関連会社株式，その他有価証券に分類される。そのうち，投資その他の資産に属するのは，上記のように満期保有目的債券，子会社株式・関連会社株式，およびその他有価証券である。それらは，以下のようにその分類ごとに異なる方法によって期末に評価される（**解説6　[R-39]**）。

解説 5

営業権（のれん）とは？

　商標などが有名で商品・製品の販売が容易であるか，店舗等の立地条件が良いということなどが要因で，当該企業の平均収益力が同業他社のそれよりも大きい場合に，その超過収益力の要因をのれんという。こののれんには，継続的な経営努力によって創りだされる場合（自己創設のれん）と，他企業を合併もしくは買収することによって取得する場合（有償取得のれん）とがある。後者の場合ののれんを，会計上，営業権（のれん）として計上する。前者の自己創設のれんは，超過収益力の存在が推測であり，その超過収益力の額を決定することが困難であるという理由から，資産として計上することは認められていない。

　営業権（のれん）は，買収される企業の純資産額（この場合，買収される企業の資産・負債を時価で評価し，その差額としての純資産額）よりも高い代価を支払って買収した場合に生ずる。したがって，営業権（のれん）の取得原価は，買収額から純資産額を差し引いた金額となる。

　営業権（のれん）の償却は，20年以内に規則的に償却することと規定されている。企業結合および営業権（のれん）の会計処理は，2003年に公表された「企業結合に関する会計基準」（2019年1月改正）によって規定されている。

(a) 満期保有目的債券

　満期保有目的債券とは，社債などの債券で取得時から満期まで保有することを意図するものをいい，固定資産に区分される（1年以内に償還期限が到来するものは流動資産）。取得原価によって貸借対照表に計上するため，期末における評価は行わないが，額面よりも高いかもしくは低い価額によって債券を取得し，その差額が金利調整と認められる場合は，償却原価法（**解説7　[R-39]**）によって期末における債券の貸借対照表価額を調整する。

(b) 子会社株式・関連会社株式

　子会社株式・関連会社株式とは，他の企業を支配または提携するなどの目的をもって保有する株式をいい，固定資産に区分される。子会社・関連会社に対する投資は，一時的な価格変動を認識することは適切ではないと考えられることから，取得原価によって貸借対照表に計上し，期末における評価替は行わない。

(c) その他有価証券

　その他有価証券とは，前述の①売買目的有価証券，②満期保有目的債券，③子会社株式・関連会社株式のいずれにも該当しない有価証券をいい，固定資産に区分される。ここに区分される有価証券の例には，持ち合い株式がある。その他有価証券は，売買目的有価証券と同じく将来的に売却可能であるということから，時価で評価する。

　ただし，その他有価証券は売買目的有価証券のように短期的な売買を目的としていないため，短期的な価格変動を財務諸表に反映させることは必ずしも求められない。そのため，継続適用を条件として，期末前1ヶ月の市場価格の単純平均値によって評価することが認められている。また，評価差額の処理については，①純資産の部に計上する，あるいは②評価益については純資産の部に計上し，評価損については当期の損失として費用計上する，という2つの方法のいずれかを選択することができるとしている。

解説6

有価証券の会計処理

分　　類	売買目的有価証券	満期保有目的債券	子会社株式関連会社株式	その他有価証券
貸借対照表の表示区分	流動資産	固定資産（投資その他の資産）ただし，1年以内に償還期限が到来するものについては，流動資産	固定資産（投資その他の資産）	固定資産（投資その他の資産）
表示科目名	有価証券	投資有価証券	関係会社株式	投資有価証券
期末評価方法	時　　価	取得原価（償却原価法）	取得原価	時　　価
評価差額の処理	当期の損益			①評価差額の合計額を純資産の部に計上（評価・換算差額等の部に区分表示）②時価が取得原価を上回る銘柄に係る評価差額は純資産の部に計上し，時価が取得原価を下回る銘柄に係る評価差額は当期の損失とする

解説7

償却原価法

　企業会計基準第10号「金融商品に関する会計基準」注5によれば，「償却原価法とは，金融資産又は金融負債を債権額又は債務額と異なる金額で計上した場合において，当該差額に相当する金額を弁済期又は償還期に至るまで毎期一定の方法で取得価額に加減する方法」であるとされている。以下ではそれを定額法によって説明する。

〈設例〉

　期首に償還期限３年の社債9,700円（額面金額10,000円）を満期保有目的で購入し，代金は現金で支払った。なお，取得原価と額面金額の差額は，すべて金利調整と認められる。

```
購　　入　　時（借方）満期保有目的債券 9,700　（貸方）現　　　　　金 9,700
１年目の決算時（借方）満期保有目的債券　100　（貸方）有価証券利息　100
２年目の決算時（借方）満期保有目的債券　100　（貸方）有価証券利息　100
３年目の決算時（借方）満期保有目的債券　100　（貸方）有価証券利息　100
```

　設例のように，定額法は，毎期末，一定額を収益として計上するとともに，満期保有目的債券の帳簿価額を増加させる。（取得原価が額面金額を上回る場合は，収益のマイナスとして計上するとともに，満期保有目的債券の帳簿価額を減らす。）この結果，償還期限には額面金額と帳簿価額は，同額となる。

第6章　繰　延　資　産

1　繰延資産とは

　「企業会計原則」の貸借対照表原則一のDは，「将来の期間に影響する特定の費用は，次期以後の期間に配分して処理するため，経過的に貸借対照表の資産の部に記載することができる」としている。ここでいう「将来の期間に影響する特定の費用」について，同注解15では「すでに代価の支払が完了し又は支払義務が確定し，これに対応する役務の提供を受けたにもかかわらず，その効果が将来にわたつて発現するものと期待される費用をいう。これらの費用は，その効果が及ぶ数期間に合理的に配分するため，経過的に貸借対照表上繰延資産として計上することができる」としている。

　つまり，繰延資産とは，役務の提供を受け，その対価の支払いも完了しているが，その支出がなされた期間に費用として処理するのではなく，その効果（収益の獲得）が将来に生ずるために，費用収益対応の原則から，その効果が生ずる期間にわたって，その効果（収益）と対応させるために，その支出額を資産として計上する項目である（**解説1** ［*R‑41*]）（**補足1** ［*R‑41*]）。

2　繰延資産の種類

　「旧商法」（商法第286条の1～5，第287条の1，第291条）および「企業会計原則」（貸借対照表原則四（一）C）では，創立費，開業費，新株発行費，社債発行費，社債発行差金，開発費，試験研究費，建設利息の8項目を繰延資産として認めていた。

　しかし，2006年5月1日に施行された会社法「会社計算規則」では，繰延資産として計上できる項目については，「繰延資産として計上することが適当であると認められるもの」

解説 1

繰延資産とは

　たとえば，会社設立の準備をするために，事務所を借りたとする。事務所の賃借料を支払い，事務所を借りたという点で，支出が完了し，それに見合う役務も提供されていることになる。しかし，その支出は，会社を設立し，営業を開始することによって収益を生み出すためになされたものである。つまり，創立事務所の賃借料は将来に収益を生み出すための費用であるから，期間損益計算上，その収益が生じるまで待っている残留原価として資産計上しておき，収益が生じたときに，それに貢献した費用として処理する。

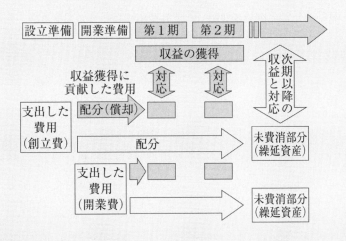

補足 1

前払費用と繰延資産の違い

　連続意見書第五によれば，前払費用と繰延資産との違いについて，前払費用は，「すでに支出は完了したが，いまだ当期中に提供を受けていない役務の対価たる特徴を有している」。これに対し，繰延資産は，「支出が完了していることは同様であるが，役務そのものはすでに提供されている場合に生ずる」。そこに両者の違いがあるとしている。
　つまり，両者は役務の提供をすでに受けているか否かの点で異なっている。

（第74条3の五）と規定しているだけで，繰延資産項目の限定列挙は削除された。そのことをうけて，2006年8月に企業会計基準委員会（ASBJ）は実務対応報告第19号「繰延資産の会計処理に関する当面の取扱い」を公表し，以下の創立費，開業費，株式交付費，社債発行費等，開発費を繰延資産として取り扱うことにした。

（1）創　立　費

創立費には，法人を設立するために必要となる定款や諸規則の作成費用，株式募集のための広告費，目論見書や株券の印刷費，発起人への報酬などが含まれる。

創立費は，原則として支出時に費用（営業外費用）として処理するが，会社の設立によって将来の収益の獲得に貢献すると考えられることから，繰延資産とすることができる。

（2）開　業　費

開業費には，会社成立後，営業を開始するまでの間に支出した開業準備費用で，建物などの賃借料，保険料，電気・ガス・水道料金などが含まれる。

開業費は，原則として支出時に費用（営業外費用）として処理するが，会社の開業によって将来の収益の獲得に貢献すると考えられることから，繰延資産とすることができる。

（3）開　発　費

開発費とは，新技術または新経営組織の採用，資源の開発，市場の開拓などのために支出した費用，生産能率の向上または生産計画の変更などにより，設備の大規模な配置替えを行った場合などの費用をいう。

開発費は，原則として支出時に費用（売上原価もしくは販売費及び一般管理費）として処理するが，開発活動の成功により将来の収益の獲得が期待できることから，繰延資産とすることができる。ただし，経常的に発生する開発費は，繰延資産として計上せずに，支出時に費用として処理する。

「研究開発費等に係る会計基準」に規定される開発費の対象となるものについては，発生時に費用計上しなければならない（**研究1　[R-42]**）。

（4）株　式　交　付　費

株式交付費とは，新株の発行または自己株式の処分に係る費用で，株式募集のための広告費，金融機関の取扱手数料，目論見書・株券などの印刷費，変更登記の登録免許税，そ

研究1

「研究開発費等に係る会計基準」について

1998年に企業会計審議会は「研究開発費等に係る会計基準」を公表した。本基準は，研究および開発について，研究とは，「新しい知識の発見を目的とした計画的な調査及び探求をいう」。開発とは，「新しい製品・サービス・生産方法（以下，「製品等」という。）についての計画若しくは設計又は既存の製品等を著しく改良するための計画若しくは設計として，研究の成果その他の知識を具体化することをいう」と定義している。この定義に合致する研究および開発活動から生じる費用（人件費，原材料費，固定資産の減価償却費および間接費の配賦額など，上記の研究および開発のために費消されたすべての原価が含まれる）は，発生時に費用として処理しなければならないと規定している。

この結果，「旧商法」や「企業会計原則」が繰延資産として挙げていた試験研究費と開発費のうち，基準でいうところの研究開発費に該当しない開発費のみが，繰延資産として計上されることになった。

解説2

繰延資産の償却について

会計理論上，たとえば，会社を創立し営業活動を行うことによって収益を生み出すために費やした創立費を，将来に収益が稼得される期間に合理的に配分しようとすれば，当該会社が営業を続けている限り永久に配分しなければならないことになる。

かつての旧商法施行規則第35条から第40条は，繰延資産を列挙するとともに，毎期均等額以上の償却（早期償却）を義務づけてきた（たとえば，創立費や開業費は5年以内に償却）。これは，旧商法では，換金価値のない繰延資産はできるだけ資産として計上することを避けたいということから，政策的に規定されたものと考えられる。つまり，繰延資産は役務の提供を受け，すでに対価の支払いを完了しているもので，費用収益対応の原則という企業会計の考え方から計上される資産項目であるため，なんら換金価値はない。企業は倒産（あるいは清算）した場合に，そのような換金価値のない資産は債権者への返済にあてることはできない。それゆえに，債権者保護を目的とする旧商法は，できるだけ早期に繰延資産を償却して，貸借対照表から消去するという立場をとってきた。

会社法では，繰延資産項目は列挙されなくなり，早期償却についても規定がなくなった。このため，繰延資産の償却方法は会社計算規則第5条の2にある「相当の償却」に従うこととなった。この相当の償却の根拠となるものは，実務対応報告第19号「繰延資産の会計処理に関する当面の取扱い」であり，そこでは「特に繰延資産の償却期間については，それを変更すべき合理的な理由がない限り，これまでの取扱いを踏襲する」として，従来どおりの一定期間内の早期償却を容認している。

の他株式の交付などのために直接支出した費用をいう。

　株式交付費は，原則として支出時に費用（営業外費用）として処理するが，企業規模の拡大のための財務活動にかかる株式交付費については，将来の収益の獲得に貢献すると考えられることから，繰延資産とすることができる。

　なお，会社設立時に発行する株式に係る費用は創立費として処理する。

（5）社債発行費等

　社債発行費等には，社債発行費と新株予約権発行費が含まれる。社債発行費とは，社債募集のための広告費，金融機関の取扱手数料，目論見書・社債券などの印刷費，社債の登記の登録免許税，その他社債発行のため直接支出した費用をいう。

　社債発行費は，原則として支出時に費用（営業外費用）として処理するが，社債発行によって調達した資金が将来の収益の獲得に貢献すると考えられることから，繰延資産とすることができる。

　新株予約権発行費についても，財務活動に関するものは社債発行費と同様と考えることができ，原則として支出時に費用（営業外費用）として処理するが，繰延資産とすることができる。

研究 2

繰延税金資産（税効果会計）

　1998年に企業会計審議会によって「税効果会計に係る会計基準」が公表され，多くの企業の財務諸表で「繰延税金資産」が計上されるようになった。

　税効果会計とは，「企業会計上の収益又は費用と課税所得計算上の益金又は損金の認識時点の相違等により，企業会計上の資産又は負債の額と課税所得計算上の資産又は負債の額に相違がある場合において，法人税その他利益に関連する金額を課税標準とする税金（以下「法人税等」という。）の額を適切に期間配分することにより，法人税等を控除する前の当期純利益と法人税等を合理的に対応させることを目的とする手続である」。

　たとえば，企業会計上，棚卸資産の評価損を計上したが，税務上では当期に損金として認められなかったとしよう（次期には損金として認められる予定とする）。これは会計上の費用計上時期と税務上の損金算入時期が異なることから生ずる差異である。このような差異は将来（次期）に損金算入が認められることにより，その分だけ将来支払う法人税等を減額することになるため，将来減算一時差異といわれる。このような将来減算一時差異が生じた場合，企業会計上の税引前当期純利益と法人税等とを期間的に対応させるために，当期に支払うべき法人税から，その差異に係る次期の法人税等の減額分を控除するとともに（法人税等調整額として損益計算書に表示される），将来の法人税等の支払額を減額するという効果を表すために繰延税金資産が計上される。すなわち，繰延税金資産とは，将来の法人税等の支払額を減額する効果を持ち，法人税等の前払額（当期に損金算入できなかったため，その分だけ税金を支払っている）に相当するため，資産としての性格をもつ。しかし，将来に課税所得が生じなければ課税されないため，繰延税金資産の法人税等を減額するという効果は発現されない。そのため，繰延税金資産を計上するさいには，将来の法人税等を減額する効果の有効性，すなわち，繰延税金資産の回収可能性を判断しなければならない。

　上記のように，繰延税金資産は，役務の提供を受け，その対価の支払が完了しているが，その効果が将来に及ぶために計上される繰延資産とは性格を異にするものであると考えられる。繰延税金資産は流動資産もしくは投資その他の資産の部に表示される。

　将来減算一時差異とは逆に，将来の法人税等を増額させる効果を持つ差異を将来加算一時差異といい，この場合は，繰延税金負債が計上される。

〈設例〉

　法人税法上の減価償却費の損金算入限度額は法定耐用年数にもとづいて計算された額であるが，企業会計上，資産の材質や用途，使用上の環境や技術の革新等による陳腐化の危険の程度等を考慮して見積もった経済的使用可能予測期間にもとづいた耐用年数で減価償却を行ったとする。この場合に税効果会計を適用すれば以下のようになる。

　①収益および益金は，500,000円（5年間同額）とする。
　②費用および損金は，減価償却費以外に生じないとする。
　③減価償却資産：取得原価150,000円

3　繰延資産の償却

　繰延資産の償却とは，繰延資産として繰り延べた費用を，収益が稼得される期間の費用として配分することをいう。企業会計基準委員会が公表した実務対応報告第19号「繰延資産の会計処理に関する当面の取扱い」は，繰延資産を以下のように償却することを求めている（**解説2　[*R-42*]**）。

創　立　費	会社の成立のときから，５年以内のその効果が及ぶ期間にわたって，定額法によって償却。
開　業　費	会社の開業のときから，５年以内のその効果が及ぶ期間にわたって，定額法によって償却。
開　発　費	支出のときから，５年以内のその効果が及ぶ期間にわたって，定額法その他の合理的な方法により規則的に償却。
株式交付費	株式交付のときから，３年以内のその効果の及ぶ期間にわたって，定額法により償却。
社債発行費等	社債発行費については，社債の償還までの期間にわたり，利息法によって償却。ただし，継続適用を条件として定額法を用いることができる。
	新株予約権発行費については，新株予約権の発行のときから，３年以内のその効果の及ぶ期間にわたって，定額法によって償却。

（**研究2　[*R-43*]**）

　　　　残存価額をゼロとして定額法によって償却
　　　　税務会計上，法定耐用年数5年として償却
　　　　企業会計上，見積経済的使用可能期間3年として償却
　④税率は40%

　1年目から3年目の企業会計上と税務会計上の減価償却額の差額は20,000円（50,000円－30,000円）であり，その差額に税率40%を乗じた8,000円が税効果額になり，繰延税金資産が計上される。4年目と5年目は税務会計上のみで減価償却が行われるため，その差異が－30,000円（0円－30,000円）となり，その差額に税率40%を乗じた－12,000円が税効果額になり，繰延税金資産（24,000円）が解消されることになる。

	1年目	2年目	3年目	4年目	5年目	合計額
企業会計上の減価償却費	50,000	50,000	50,000	0	0	150,000
税務会計上の減価償却費	30,000	30,000	30,000	30,000	30,000	150,000
差額	20,000	20,000	20,000	△30,000	△30,000	0
税効果額	8,000	8,000	8,000	△12,000	△12,000	0
繰延税金資産累計額	8,000	16,000	24,000	12,000	0	

　この税効果会計に係る影響を示すために，初年度の納税申告書と損益計算書を作成する。

納税申告書

年度	1年目
益金	500,000
損金	30,000
課税所得	470,000
法人税額（40%）	188,000

損益計算書

年度	1年目	
収益		500,000
費用		50,000
税引前利益		450,000
法人税等	188,000	
法人税等調整額	△8,000	180,000
当期純利益		270,000

　初年度の納税申告書では，税務上支払う税額は188,000円である。その税務上支払う税額は，損益計算書の法人税等に表示されることになる。他方，初年度の損益計算書では，税引前当期純利益450,000円に法人税率を乗じた額180,000円が，企業会計上の支払うべき税額である。この税務上支払う税額188,000円は，企業会計上支払うべき税額180,000円に比べて多く税金を支払っていることになる。その多く税金を支払っている額は，企業会計上，税金の前払いを意味しており，当該金額8,000円を繰延税金資産として計上するというのが税効果会計である。

Ⅲ 負　　　債

貸借対照表

資　　　　　産	負　　　　　債
	期　首　資　本 （期首純資産）
	当　期　純　利　益

損益計算書

| 費　　　　　用 | 収　　　　　益 |
| 当　期　純　利　益 | |

負債の会計上の意味と分類

1　負債の会計上の意味

　負債の性質や定義に関してはいろいろな解釈がある（**研究1** [***R–45***]）。しかし，これまで一般的に述べられてきたほとんどすべての解釈において共通していることは，負債が貸借対照表の貸方に記載される項目であるということである（例外的に資産のマイナス項目として借方側に計上される項目もあるが）。

　負債を貸借対照表の貸方に計上することは，決算における利益計算に対していかなる意味をもっているのであろうか。ここではまず，その問題について概観していこう。

　貸借対照表の内容は，一般に下記のような等式によって表される。

$$期末資産＝期末負債＋期首資本＋利益$$

この等式を図にしたのが，つぎの図である。

貸借対照表

資産 （Ⅱで説明した内容）	負債 （ここで説明する内容）
	期首資本 （Ⅳで説明する内容）
	利益

　資産や期首資本の金額に変動がないと仮定すれば，貸借対照表の貸方に負債を計上することは，利益金額がそれだけ減少することにつながる。そのことは，上記の算式を修正した下記の算式をみれば明らかである。

研究 1

新しい負債概念にもとづく負債の拡大と負債の測定

従来，負債は資金の調達源泉の観点から持分の一部を構成するものであると解釈され，一般に，他人資本であると説明されてきた[R1]。

「企業会計原則」においては，負債の解釈と期間損益計算の概念（とくに費用収益対応の原則）によって，法的債務だけではなく，会計的負債（経過勘定項目と引当金）をも負債であるとみなしてきた。

今日のアメリカおよび国際会計基準審議会（IASB）などにおいては，そのような伝統的な負債概念と異なる負債概念が採用されている[R2]。わが国においても，2006年に討議資料「財務会計の概念フレームワーク」が公表され，アメリカやIASBにおけるものと同様の負債概念をわが国の会計に導入することが提案された。その討議資料では，負債を「過去の取引または事象の結果として，報告主体が支配している経済的資源を放棄もしくは引き渡す義務，またはその同等物をいう[R3]」と定義している。

これらの新しい負債概念にもとづけば，将来において将来経済便益が企業から流出すると予想されるものが負債であるとみなされるので，従来よりも多様な項目が負債であるとみなされることになろう。実際に，負債として貸借対照表に計上される項目は，近年，ますます増加してきている（たとえば，資産除去債務など）。それらの項目の多くは非常に多様な将来予測要素を内包する項目であり，上述の新しい負債概念にその会計処理の理論的正当性を求めるものである[R4]。

それらの項目は，将来の事柄を予測して会計処理するのであるから，従来の負債項目のように取引価格（収入金額）が必ずしもあるわけではない。それゆえ，取引価格以外の金額（たとえば公正価値や見積額など）を用いて会計処理せねばならない。

これらの取引価格以外の金額を用いることは，わが国においても認められている。たとえば，会社計算規則はその第6条において，原則として債務額によって負債を測定するとしつつも，事業年度の末日における時価または適正な価格により負債を測定することも容認している。

また，上述の討議資料「財務会計の概念フレームワーク」では，負債の測定額の選択肢として，①支払予定額（決済価額または将来支出額），②現金受入額，③割引価値，および④市場価格の4種類を例示している[R5]。

$$期末資産 - (期末負債 + 期首資本) = 利益$$

　この算式においては，期末負債が増加すればするほど，結果として算出される利益の金額が減少することになる（負債項目を資産のマイナス要素として借方側に記載することも，期末資産をマイナスするのであるから，負債を貸方側に計上する場合と同じ効果をもつ）。このように，負債を貸借対照表の貸方側に計上するということは，利益計算におけるマイナス要素を増加させることである。ここに負債の会計上の意味があると考える。

2　負債の分類

　「企業会計原則」の貸借対照表原則四（二）および注解16は負債を法的債務と会計上の負債との2種類から構成されるとし，それらを下記の表のように流動負債と固定負債に区別することを要求している（**解説1　[R-46]**）。

区分	その区分に含まれる項目の例
流動負債	・その企業の主目的である営業取引によって発生した債務（支払手形，買掛金，前受金など）。 ・その企業の主目的以外の取引によって発生した債務で貸借対照表日の翌日から起算して1年以内に支払期限が到来するもの（短期借入金など）。 ・引当金のうち，通常1年以内に使用される見込みのもの（賞与引当金，工事補償引当金，修繕引当金など）。 ・未払費用および前受収益。
固定負債	・支払期限が1年を超えて到来するもの（社債，長期借入金など）。 ・引当金のうち，通常1年を超えて使用される見込みのもの（特別修繕引当金など）。

3　負債の貸借対照表価額

　負債をいかなる金額で貸借対照表に計上すべきかについて，「企業会計原則」は文言上，明確に規定していない。「企業会計原則」の形成に大きな影響を及ぼした黒澤清教授によれば，負債の認識および測定には，負債の種類に応じて，次の2種類の基準が適用されるという。

解説 1

流動負債と固定負債の分類基準

「企業会計原則」において，負債は流動負債と固定負債に区分される。その区分を行うさいに用いられる基準が，正常営業循環基準と 1 年基準である。

負債の分類は 2 段階において行われる。すなわち，まず，すべての負債に正常営業循環基準が適用される。つぎに，その基準によって流動負債であるとみなされなかった項目に対して 1 年基準が適用される。

負債に関する事柄に限定すれば，正常営業循環基準とは，支払手形，買掛金，前受金などのその企業の主目的である営業取引によって発生した債務を流動負債とする基準である。

また，1 年基準とは，借入金やその企業の主目的以外の取引によって発生した未払金などの債務のうち，貸借対照表日の翌日から 1 年以内に支払期限が到来する負債を流動負債とする基準である。

この 2 段階の判定において流動負債に分類されなかった項目は固定負債であるとされる。

注
(R1) たとえば，飯野利夫『財務会計論』（三訂版）同文舘出版，1993年，第 9 章 2 頁，および森川八洲男『体系財務諸表論』中央経済社，2005年，181頁。
(R2) アメリカの財務会計概念ステイトメント・シリーズの詳細とその発行が持つ意味については，加藤盛弘『現代の会計原則』（改訂増補版）森山書店，1987年，第 1 部を参照されたい。
(R3) 企業会計基準委員会，討議資料「財務会計の概念フレームワーク」2006年，第 3 章第 5 項。
(R4) アメリカにおける負債拡大の傾向と，それらの負債項目の導入が概念ステイトメント（とくに負債の定義）によってその理論的正当性を支えられていることについては，加藤盛弘『負債拡大の現代会計』森山書店，2006年において詳細に分析されている。
(R5) 討議資料「財務会計の概念フレームワーク」第 4 章序文および第30項—第43項。

　まず，法的な債務については収入基準が適用される。法的な債務の価額は，収入を基準として測定される。たとえば，銀行などの他者から資金を借り入れた際の法的債務に対する負債である借入金は，借り入れによって得た収入額で測定される[(L1)]。

　つぎに，未払費用や引当金などの会計上の負債については，発生基準が適用される。すなわち，これらの会計上の負債は，「法律上の債務の発生のいかんによらず，会計上費用の発生の事実に基づいて，費用の計上に対応する[(L2)]」ものとして計上される。

　なお，近年の会社法およびわが国の概念フレームワーク（討議資料）においては，「企業会計原則」とは異なる負債の測定基準も認められている（**研究1　[*R–45*]**）。

注
(L1)　黒澤清『財務諸表論』（増補改訂版）中央経済社，1985年，170—171頁。
(L2)　同書，171頁。

第7章 流動負債

1　会計実務における流動負債項目

会計実務上，貸借対照表に計上されている主な流動負債項目には次のようなものがある。

支払手形，買掛金，短期借入金，未払法人税等，未払金，未払費用，前受金，前受収益，および引当金（短期のもの）

これらの流動負債項目を貸借対照表に計上することはなぜ妥当であるとみなされるのであろうか。その妥当性は，直接的には会計基準によって支えられている。すなわち，会計基準にしたがっているから，これらの負債を貸借対照表に計上することが認められるということである。

次に，その会計基準の内容を，「企業会計原則」に即して説明していこう。

2　流動負債の分類

上述のように，「企業会計原則」における負債は，法的債務（確定債務）と会計上の負債からなる。流動負債を法的債務と会計上の負債に分類すれば下記のようになる。

	分　類	項　目
流動負債	法的債務 （確定債務）	支払手形，買掛金，未払金，前受金，短期借入金など
	会計上の負債 （法的債務ではない負債）	短期の引当金，未払費用，前受収益など

補足1

未払金と未払費用の違い

　未払金とは契約にもとづいてすでに役務などを受け取っており，その対価の支払いに対する債務が確定している法的債務である。

　それに対して，未払費用は提供を受けた役務に対する対価の支払期日が決算日現在ではまだ到来していないものである。したがって，提供を受けた役務に対する対価の支払義務は，支払期日が到来するまでは法的債務ではない。

　しかし，決算日までに提供を受け費消した役務は，当期の収益の獲得に貢献したとみなされる。それゆえ，その費消分に対する法的な支払義務がまだないとしても，その費消分は当期の収益に対応させるべき費用であるとみなされる。

　未払費用とは，そのような期間損益計算の必要上，当期に提供を受けた役務を費消することによって発生した費用を契約金額にもとづいて見積もった金額で見越計上することにともなって認識される会計上の負債である。

　このように，会計理論上，未払金と未払費用とは法的債務であるか会計上の負債であるかという点において異なる負債項目である。なお，未払費用は支払期日が到来し，その債務が法的債務となった時に未払金となる。

3 法的債務の会計処理

　法的債務はその債務額（取引価格）で貸借対照表に計上される。たとえば，「金融商品に関する会計基準」（第26項）は，支払手形，買掛金，および短期借入金などの債務を，その債務額で貸借対照表に計上することを要求している。

　ここでは，そのような法的債務のうち，未払金と前受金について説明していこう。

（1）未　払　金

　たとえば，企業が代金の一部または全額を後払いする条件で営業用の自動車を購入した場合，その企業は自動車の代金（後払い分）を他者に支払うことに対する法的な債務を負っている。会計上，この債務は未払金として，その債務額で計上する。

（2）前　受　金

　顧客から商品購入の手付金を受け取った場合，その企業は手付金として受け取った金銭に対して債務を負っている。このような債務は前受金として，その債務額で計上する。

4 会計上の負債の処理

　次に，会計上の負債の会計処理をみていこう。会計上の負債のうち，引当金は第9章で詳しく述べるので，ここでは経過勘定項目（未払費用と前受収益）について説明していく。

（1）未　払　費　用

　土地や建物を賃借している場合のように，企業が一定の契約にしたがい，継続して役務の提供を受けている場合がある。

　決算日までに継続して役務が提供されているが，その対価の支払期日がまだ到来していない場合，その役務に対する法的な支払義務はまだ生じていない。しかし，「企業会計原則」は決算日までに提供された役務の使用分についてはすでに当期の費用として発生しており，企業はその費用に対する対価を支払う負債（ただし支払期日が到来するまでは法的債務ではない）を負っているとする。未払費用とは，このような解釈にもとづき，期間損

解説1

未払費用の処理（設例1の解説）

20X1年9月30日における処理の解説

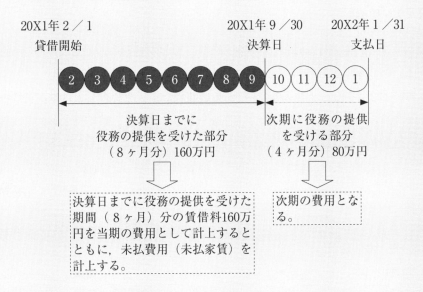

9月30日の仕訳を転記した後，支払家賃勘定の残高は下記のように160万円となる。

支　　払　　家　　賃

9／30　　未払家賃　　1,600,000		

益計算の必要上認識される会計上の負債である。

　未払費用はその費用の性質によって，未払地代や未払家賃などの勘定科目で処理される。このような未払費用は，次期以降に債務として確定する費用を当期に見越し計上するために計上される負債であり，期間損益計算の都合上計上される経過勘定項目の一種である（補足1 [R-48]）。

設例1

　A社は20X1年2月1日より，B社から店舗用の建物を賃借している。賃借料は1ヶ月20万円で支払日は20X2年1月31日（後払）である。20X1年9月30日（決算日）の仕訳をしなさい。

　（借方）支払家賃 1,600,000 　（貸方）未払家賃 1,600,000

（解説1 [R-49]）

（2）前受収益

　土地や建物を貸している場合のように，一定の契約にしたがい，継続して役務の提供を行っている場合がある。そのさい，代金を前もって受け取っているにもかかわらず，決算日までに役務をまだ提供していない部分に対して，前受収益という負債が認識される。

　「企業会計原則」によれば，たとえ代金を受け取っていたとしても，決算日にまだ役務を提供していない部分は当期の収益とすべきではない。それは，時間の経過とともに（役務を提供するにしたがって）次期以降の収益とすべきであるとみなされる。前受収益とはこのような解釈にもとづき，期間損益計算の必要上認識される会計上の負債である。

　前受収益はその収益の性質によって，前受地代や前受家賃などの勘定科目で処理される。このような前受収益は未払費用と同じく，経過勘定項目の一種である（補足2 [R-50]）。

補足2

前受金と前受収益の違い

　前受金は一種の預り金であり，法的な債務である。それに対して，前受収益は期間損益計算の必要上，すでに受け取っている収益のうち，未実現の部分（代金を受け取ってはいるが，まだ役務を提供していない部分）を当期の実現収益から除外して次期に繰り越すことにともなって計上される会計上の負債であり，法的な債務ではない。

　このように会計理論上，前受金と前受収益とは法的債務であるか会計上の負債であるかという点において異なる負債項目である。

設例2

（1）20X1年5月1日，C社はD社に店舗用の建物を貸し，1年分の賃貸料240万円
　　（1ヶ月20万円）をD社振り出しの小切手で受け取った。

　　　（借方）現　　　金　2,400,000　　（貸方）受 取 家 賃　2,400,000

（2）20X1年9月30日，C社は決算をむかえた。

　　　（借方）受 取 家 賃　1,400,000　　（貸方）前 受 家 賃　1,400,000

（解説2　［*R–51*]）

解説2

前受収益の処理 (設例2の解説)

(2) 20X1年9月30日における処理の解説

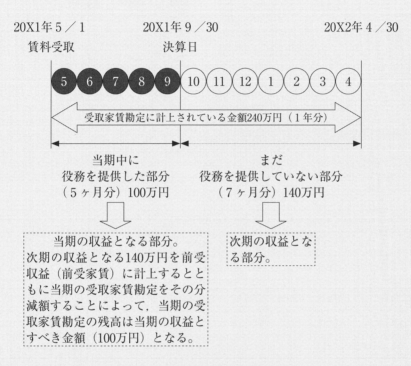

9月30日の仕訳を転記した後,受取家賃勘定の残高は下記のように100万円となる。

		受　　　　取　　　　家　　　　賃				
9／30	前受家賃	1,400,000	5／1	現　　金	2,400,000

第8章 固定負債

1　会計実務における固定負債項目

　会計実務上，貸借対照表に計上されている主な固定負債項目には次のようなものがある。

　長期借入金，未払金（長期のもの），社債，引当金（長期のもの）など

　前章における流動負債の場合と同様に，これらの固定負債項目を貸借対照表に計上することの正当性も，直接的には会計基準にしたがっているということによって支えられている。

2　固定負債の分類

　「企業会計原則」にもとづいて固定負債項目の主なものを法的債務と会計上の負債とに分類すれば，下記のようになる。

	分　類	項　目
固定負債	法的債務 （確定債務）	社債，長期借入金，未払金（長期のもの）など
	会計上の負債 （法的債務ではない負債）	引当金（長期のもの）など

　近年では，これらの項目に加えて，新株予約権付社債（**補足1**　[*R–52*]）やリース負債（**研究1**　[*R–53*]）などの新しい固定負債項目を貸借対照表に計上することが認められて

補足1

新株予約権付社債の処理（一括法と区分法）

（1）新株予約権付社債に関する会計処理の分類

　企業が発行する社債のなかには，新株予約権を付して発行されるものがある。そのような社債を新株予約権付社債という。新株予約権とは，その権利の所有者が一定の手続きを行ったならば，新株予約権を発行した企業の新株を取得できる権利である[R1]。

　「金融商品に関する会計基準」は新株予約権付社債を，（1）転換社債型新株予約権付社債と（2）転換社債型新株予約権付社債以外の新株予約権付社債（以下，その他の新株予約権付社債と呼ぶ）との2つの区分に分類し，その会計処理方法を次のように定めている[R2]。

$$\text{新株予約権付社債}\begin{cases}\text{転換社債型新株予約権付社債}\quad\cdots\quad\text{一括法と区分法の選択適用が認められる}\\\text{転換社債型新株予約権付社債}\\\text{以外の新株予約権付社債}\quad\cdots\quad\text{区分法の適用のみが認められる}\end{cases}$$

（2）新株予約権付社債の会計処理

①一括法の会計処理

　一括法とは発行にともなう払込金額を，社債の対価部分と新株予約権の対価部分とに区別せずに，普通社債の発行に準じて処理する方法である。

②区分法の会計処理

　区分法とは，発行にともなう払込金額を，社債の対価部分と新株予約権の対価部分とに区別し，次のように会計処理する方法である。

$$\text{払込金額}\begin{cases}\text{社債の対価部分}\quad\cdots\cdots\quad\text{普通社債の発行に準じて処理する。}\\\text{新株予約権の対価部分}\quad\cdots\cdots\quad\text{純資産の部に計上する。}\end{cases}$$

　払込金額を社債の対価部分と新株予約権の対価部分とに区別する方法は，（1）両者の払込金額または合理的な見積額の比率で配分する方法，あるいは（2）算定が容易な一方の対価を決定し，これを払込金額から差し引いて他方の対価とする方法，のいずれかを用いることとされている（「金融商品に関する会計基準」注15）。

　なお，純資産の部に計上された新株予約権の対価部分は，株主資本等変動計算書に計上される。新株予約権が行使され新株を発行したときは，新株予約権の対価部分を資本金または資本準備金に振り替える。

　新株予約権が行使されずに権利行使期間が満了した場合には，新株予約権の対価部分を利益として処理することになる。

いる。

　流動負債の場合と同様に，固定負債に属する法的債務もその債務額（取引価格）で貸借対照表に計上される。しかし，社債については以下で説明するように，償却原価法を用いて算出した金額で貸借対照表に計上される場合がある。

3　社債の会計処理

（1）社債の発行時の処理

　企業は社債券という有価証券を発行して長期的な資金を調達することがある。その場合，企業は社債券の発行によって借り入れた資金に対して法的債務を負っている。貸借対照表に計上されている社債とは，そのような法的債務に対して認識された負債項目である。

　社債券にはその社債券の額面金額が記載されている。しかし，社債の発行価額（社債の発行によって入手した収入金額）と額面金額とが異なる場合がある。社債の発行は，発行価額と額面金額との関係がいかなるものかによって，平価発行，割引発行，打歩発行という３種類に分類される。その関係をまとめれば下記のようになる。一般にわが国では割引発行が多いといわれている。

- ・　平価発行……額面金額と発行価額とが等しい場合
- ・　割引発行……額面金額よりも発行価額の方が低い金額である場合
- ・　打歩発行……額面金額よりも発行価額の方が高い金額である場合

　社債を発行したさいには，社債の発行価額を社債勘定に貸記する。

設例1

　A社は20X1年10月１日に額面金額100万円の社債（満期日20X4年９月30日，年利率６％，利払日毎年３月と９月の末日）を額面100円につき97円で発行し，代金は当座預金に払込をうけた。

　　　（借方）当 座 預 金　970,000　　　（貸方）社　　　債　970,000

　なお，社債の発行に要する支出（社債募集のための広告費，金融機関の取扱手数料など）は社債発行費勘定に計上される。社債発行費については繰延資産の項目で説明したの

研究1

リ ー ス 会 計

（1）リース取引の分類

　企業は他の企業に使用料を支払うかわりに他社が所有する資産を使用する権利を得る契約を結ぶことがある。このような取引をリース取引という。リース取引は他の企業が所有権をもつ物件（リース物件）を使用する権利を得る取引であり，そのリース物件の所有権を取得する取引ではない。それにもかかわらず，リース取引のうち一定の規準を満たすものについては，その取引に関する資産と負債を借手側企業の貸借対照表において計上することが認められている。

　自社に所有権がない資産とその資産に対応する負債を貸借対照表に計上することの正当性は主に，「リース取引に関する会計基準」によって支えられている。

　2007年に改正された「リース取引に関する会計基準」は，リース取引の分類とその会計処理をそれぞれ次のように規定している[R3]。

<table>
<tr><td rowspan="4">リ ー ス 取 引</td><td>ファイナンス・リース取引</td><td>…</td><td>通常の売買取引に係る方法に準じて処理する（リース取引に関する資産・負債を計上する）。</td></tr>
<tr><td>オペレーティング・リース取引</td><td>…</td><td>通常の賃貸借取引に係る方法に準じて処理する（リース取引に関する資産・負債を計上しない）。</td></tr>
</table>

　リース取引のうちファイナンス・リース取引として取り扱われるものは，「リース契約に基づくリース期間の中途において当該契約を解除することができないリース取引又はこれに準ずるリース取引で，借手が，当該契約に基づき使用する物件（以下「リース物件」という。）からもたらされる経済的利益を実質的に享受することができ，かつ，当該リース物件の使用に伴って生じるコストを実質的に負担することとなるリース取引[R4]」である。このファイナンス・リース取引の定義に当てはまらないリース取引はすべて，オペレーティング・リース取引として取り扱われる[R5]。

（2）ファイナンス・リース取引の会計処理（借手側）

①リース取引の判定

　ファイナンス・リース取引のうち，割安購入選択権が付けられているなど，実質的にリース物件の所有権が借手に移転すると認められるものは所有権移転ファイナンス・リース取引であるとみなされ，そうでない場合には所有権移転外ファイナンス・リース取引であるとみなされる。

②リース取引開始日

　借手はリース取引の開始日にリース資産とリース債務を計上する。リース資産とリース債務の計上額は以下のようにして算定される[R6]。

　（1）借手においてリース物件の貸手側の購入価額等が明らかである場合

で，ここでは説明を省略する。

（2）社債利息の処理

　社債を発行して資金を調達した企業は，社債の額面金額に一定の利率を乗じた金額を利息として社債の所有者に支払う。この利息は，その利息が発生した期間に社債利息勘定に計上する。

設例2

　20X2年3月31日，A社は設例1の社債について，半年分の社債利息を現金で支払った。なお，社債利息の計算は月割計算とする。

　　　　（貸方）社 債 利 息　　30,000　　（貸方）現　　　　金　　30,000

（3）償却原価法の処理と社債の貸借対照表価額の算定

　社債券はいかなる価額で発行されても，一定の約定利子が定期的に支払われ，満期日には社債の額面金額が社債券の所有者に返還される。

　割引発行または打歩発行の場合，社債の発行時に社債勘定に記載された金額は，社債の額面金額とは異なっている。

　「金融商品に関する会計基準」第26項は，発行価額と額面金額との差額を，償還期（満期日）に至るまで毎期一定の方法で社債の帳簿価額（社債勘定の金額）に加減していくことを要求している。この処理方法を償却原価法という。

　「金融商品に関する会計基準」および「金融商品会計に関する実務指針」によれば，社債の発行価額と額面金額との差額は金利の調整部分（利息部分）である。償却原価法とは，期間損益計算の観点から，その利息部分（割引発行の場合は利息費用となる）を社債の満期日までの各期間に配分するための処理方法である。各期間における社債の貸借対照表価額は，償却原価法によって期間配分された利息部分に相当する金額を社債勘定に加減することによって算出される[L1]。

　償却原価法は利息法によることを原則とするが，継続適用を条件として簡便法である定額法によることも認められている[L2]。

　償却原価法の利息法とは，社債利息の支払額の総額と金利調整差額の合計額を社債の帳簿価額に対して一定率（実効利子率）となるように，複利計算を用いて算出した金額を各

　リース資産とリース債務は，リース料総額（残存保証額を含む）の現在価値と貸手の購入価額等とのいずれか低い金額で計上する。ただし，所有権移転ファイナンス・リース取引の場合は，貸手の購入価額等で計上する。

　（2）貸手の購入価額等が明らかではない場合

　リース資産とリース債務は，リース料総額（残存保証額を含む）の現在価値と見積現金購入価額とのいずれか低い金額で計上する。ただし，所有権移転ファイナンス・リース取引の場合は，リース料総額に割安購入選択権の行使価額も含める。

③リース料の支払時

　リース契約のもとで今後支払うであろうと予想されるリース料の総額から，リース取引の開始日に計上したリース債務の計上額を差し引いた残額は利息相当分であるとみなされる。この利息相当分は，利息法によって各期間に費用として配分される[R7]。利息法とは，「各期の支払利息相当額をリース債務の未返済元本残高に一定の利率を乗じて算定する方法である[R8]」。リース料の支払時においては，利息法によって計算した利息部分を支払利息勘定に計上する。くわえて，支払ったリース料から利息部分を差し引いた残額をリース債務の元本返済分としてリース債務から減額する。

④リース資産の減価償却

　リース開始日に計上されたリース資産は自社が所有する資産と同様に，決算日において減価償却する。所有権移転ファイナンス・リース取引において生じたリース資産は，自社が所有する固定資産と同一の方法によって減価償却する[R9]。

　また，所有権移転外ファイナンス・リース取引におけるリース資産はリース期間を耐用年数とし，残存価額をゼロとして減価償却する。その際の減価償却方法は定額法，級数法，生産高比例法などの中から企業の実体に応じた方法を選択することが認められている[R10]。

＜設例＞[R11]

　B社（決算日12月31日）はC社と次のような条件でリース契約を結び，備品を借り入れた。
・　このリース取引は所有権移転外ファイナンス・リース取引であるとみなされた。
・　リース期間は5年（20X1年1月1日から20X5年12月31日まで）で，毎年末にリース料2万円を現金で支払う。
・　追加借入利子率は5％である。
・　リース料総額の現在価値は86,590円であり，貸手の購入価額等は10万円である。
・　減価償却費は定額法で算定する。
・　仕訳のさいに円未満の端数がでた場合には，円未満を四捨五入する。

①20X1年1月1日：リース開始時

　（借方）リ ー ス 資 産　86,590　　（貸方）リ ー ス 債 務　86,590

　　　　　　＊リース料総額（20,000円×5年分＝100,000円）の現在価値は，次の算式で

期の損益に配分する方法である。その配分額と支払った利息分の差額が社債勘定に加減される。また，償却原価法の定額法とは，社債の発行価額と額面価額との差額を償還日までの期間で除して求めた金額（定額）を各期の損益に配分する方法である[L3]。

　ここでは毎期一定額を帳簿価額に加減していく定額法を説明していくこととする。

設例 3

　A社は20X2年 9 月30日に決算をむかえた。設例 1 の社債について償却原価法（定額法で月割計算）の処理を行うとともに，半年分の社債利息を現金で支払った。

（ 1 ）償却原価法の処理

　　　（借方）社 債 利 息　　10,000　　（貸方）社　　　　債　　10,000

> ＊額面金額1,000,000円 − 発行価額970,000円 = 差額30,000円
> ＊社債の発行日から満期日までの期間……36ヶ月間
> ＊社債の発行日から20X2年 9 月30日までの期間……12ヶ月間
> ＊差額30,000円 ÷ 36ヶ月 × 12ヶ月 = 10,000円
> ＊この10,000円が当期に社債勘定に加えられる。満期日まで同様の処理をすれば，満期日には社債勘定の残高が1,000,000円となり，額面金額（満期日に返済する額）と等しくなる。

（ 2 ）社債利息の支払いに関する処理

　　　（借方）社 債 利 息　　30,000　　（貸方）現　　　　金　　30,000

（ 4 ）社債の償還（買入償還）

　企業は自社が発行した社債を証券市場などで買い入れることによって社債を償還することがある。そのような償還方法を買入償還という。買入償還を行った時には，償却原価法にもとづいて算定した社債の帳簿価額と買入金額との差額を，社債償還益勘定または社債償還損勘定に計上する。

設例 4

　A社は20X3年10月 1 日に，設例 1 の社債のうち額面金額40万円分を額面100円につき98円で買入償還し，代金は小切手を振り出して支払った。

　　　（借方）社　　　　債　　396,000　　（貸方）当 座 預 金　　392,000
　　　　　　　　　　　　　　　　　　　　　　　　　社債償還益　　　4,000

　　　　　　　　　　　　求められる。

$20,000 \div (1+0.05) + 20,000 \div (1+0.05)^2 + 20,000 \div (1+0.05)^3 + 20,000 \div (1+0.05)^4 + 20,000 \div (1+0.05)^5 \fallingdotseq 86,590$円

②20X1年12月31日：リース料の支払時

　　（借方）リ ー ス 債 務　　15,670　　　（貸方）現　　　　　金　　20,000
　　　　　　支 払 利 息　　　4,330

　　　　　　　＊支払利息＝リース債務の残高（86,590円）×0.05≒4,330円
　　　　　　　＊リース債務の返済相当分＝20,000円−4,330円＝15,670円

③20X1年12月31日　減価償却費の計上

　　（借方）減 価 償 却 費　　17,318　　　（貸方）減価償却累計額　　17,318

（3）オペレーティング・リース取引の会計処理（借手側）

　オペレーティング・リース取引であると判定されたリース取引は，リース料を支払った時にその金額を費用計上する。上記の設例における取引がオペレーティング・リース取引であるとみなされたならば，毎期のリース料支払時に，次の仕訳を行うだけでよい。

　　（借方）支 払 賃 借 料　　20,000　　　（貸方）現　　　　　金　　20,000

（4）リース会計処理の会計上の意味

　リース期間中の費用総額はファイナンス・リース会計処理（売買取引に準じた処理）によっても，オペレーティング・リース会計処理（賃貸借取引に準じた処理）によっても同じである。しかし，各期間に配分される費用額は異なる。加藤盛弘教授が指摘しておられるように，ファイナンス・リース会計処理方式による費用（支払利息と減価償却費の合計額）は，オペレーティング・リース会計処理方式による費用（支払賃借料）よりも早期に多く計上される。リース会計における2つの処理方式の違いは，この費用の計上時期（利益の認識時期）の違いが会計上の期間損益計算に与える影響の違いにあると考える[R12]。

　2007年に改正された「リース取引に関する会計基準」は，これまで所有権移転外ファイナンス・リース取引に対する選択肢として認めていたオペレーティング・リース会計処理の適用を禁止し，すべてのファイナンス・リース取引をファイナンス・リース会計処理方式によって処理することを要求した[R13]。また，周知のように，国際財務報告基準（IFRS）第16号は，借手側の会計処理において，ファイナンス・リース取引とオペレーティング・リース取引という区別をなくし，基本的に全てのリース取引に対して，資産と負債を計上することを要求している。

注

(R1)　桜井久勝『財務会計講義』（第8版）中央経済社，2007年，243頁。
(R2)　「金融商品に関する会計基準」第36項—第38項。
(R3)　「リース取引に関する会計基準」第5項—第15項。
(R4)　同基準，第5項。
(R5)　同基準，第6項。

＊20X3年10月１日現在の社債（全体分）の帳簿価額：
発行価額970,000円＋２年分の償却原価法の適用額合計20,000円＝990,000円
＊額面金額400,000円分に相当する帳簿価額：
990,000円×（400,000円÷全体の額面金額1,000,000円）＝396,000円

（5）社債の償還（満期償還）

社債券を発行することによって調達した資金は，社債の満期日に返還される。そのさいには，返還した金額分だけ社債勘定を減額させる。

設例5

A社は20X4年９月30日に，設例１の社債（設例４で買入償還した残りの部分）を償還し，代金は社債利息とともに小切手を振り出して支払った。

（借方）社 債 利 息	6,000	（貸方）社　　　債	6,000
社　　　債	600,000	当 座 預 金	618,000
社 債 利 息	18,000		

＊満期償還前の社債額面金額600,000円に相当する帳簿価額は594,000円。社債額面金額600,000円に対する金利調整差額12カ月分6,000円を社債の帳簿価額に加算した後に，社債の償還の仕訳を行う。

注
(L1)「金融商品に関する会計基準」第14項，第16項，第26項，および注５。および「金融商品会計に関する実務指針」第70項および第126項。
(L2)「金融商品会計に関する実務指針」第274項，および桜井久勝『財務会計講義』（第８版）中央経済社，2007年，240頁。
(L3)「金融商品会計に関する実務指針」第70項および第126項。および，広瀬義州『財務会計』（第７版）中央経済社，2007年，318—320頁。

(R6) 「リース取引に関する会計基準の適用指針」第22項および第37項。

(R7) 「リース取引に関する会計基準」第11項。

(R8) 「リース取引に関する会計基準の適用指針」第24項。

(R9) 「リース取引に関する会計基準」第12項。

(R10) 同基準，第12項，および「リース取引に関する会計基準の適用指針」第27項―第28項。

(R11) この処理例は，新井清光著，川村義則補訂『現代会計学』（第9版）中央経済社，2008年，130―131頁における設例を参考にして作成したものである。

(R12) 加藤盛弘『現代の会計学』（第3版）森山書店，2002年，229頁および233頁。

(R13) 企業会計基準委員会「企業会計基準第13号『リース取引に関する会計基準』および企業会計基準適用指針第16号『リース取引に関する会計基準の適用指針』の公表」2007年。

第9章 引　当　金

1　会計実務における引当金項目

　これまで説明してきた流動負債項目および固定負債項目は，経過勘定項目（未払費用と前受収益）を除いて，すでに行われた取引にもとづいて計上される負債項目であった。

　本章で説明する引当金は，次期以降の将来の期間にある取引が発生するという予想にもとづき，見積額によって（すなわち，取引価格にもとづかずに）計上される会計上の負債項目である。

　会計実務上，貸借対照表に計上されている主な引当金項目には次のものがある。

　　　　貸倒引当金，退職給付引当金，賞与引当金，製品保証引当金，修繕引当金，特別修
　　　繕引当金，および債務保証損失引当金など

　予測と見積にもとづき，将来の事柄を当期の利益計算に含めることがどうして認められるのであろうか。これまで説明してきたように，その会計処理の正当性もまた，直接的には会計基準によって支えられている（**解説1**　[*R–57*]）。

2　引当金の会計処理

（1）引当金の会計処理

　引当金項目は貸倒引当金や製品保証引当金のような個別の勘定科目で計上されるが，「引当金の計上は，（借方）費用または損失×××　（貸方）引当金×××，という仕訳に帰着する。つまり，引当金は未だ支出されていない，しかも金額的に確定していない利益

解説 1

引当金会計処理と費用収益対応の原則

　次期以降の将来の期間にある取引が発生するという予想にもとづき，見積額によって引当金を計上することは，どうして認められるのであろうか。「企業会計原則」において引当金会計処理がどのように規定されているのかは後述するので，ここでは，引当金会計処理が認められる理論的根拠をみてみよう。

　「引当金の会計的本質は，費用収益対応の原則の見地から吟味することによって最もよく明らかにすることができる[R1]」と指摘されるごとく，現在，引当金会計処理の理論的正当性は主に，費用収益対応の原則によって説明されている。つまり，当期の収益を獲得することに貢献した費用であれば，その取引がまだ発生していなくても（すなわち，取引価格がまだ存在していなくても），その費用を当期の費用として当期の収益に対応させることが必要だというのである[R2]。

　引当金は，そのような論理に基づいて，将来の事柄を当期の費用として当期の損益計算に含めるさいに計上される負債項目である。

　このように，「企業会計原則」における引当金会計処理は，主に，「期間損益計算を適正に行うために，当期の収益とその収益の獲得に貢献した費用を対応させる」という費用収益対応の原則の観点から認められる会計処理なのである。そのことを示したのが下記の図である。

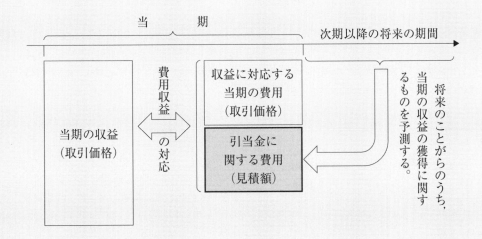

益マイナス項目を，見積（予測）計上することによって生じる貸方項目である^(L1)」。

　ここでは引当金の会計処理の例として，貸倒引当金，製品保証引当金，修繕引当金，特別修繕引当金，および退職給付引当金の会計処理をみていこう。

（2）貸 倒 引 当 金

　受取手形，売掛金，貸付金などの債権が回収不能になることを貸倒れという。「企業会計原則」は，当期に所有する債権に対して次期以降に生じるであろう貸倒れを予測し，その貸倒見積額を当期の費用として利益計算に含めることを認めている。その見積費用の計上にともなって貸借対照表に計上される項目が貸倒引当金である。

　「金融商品に関する会計基準」第14項は，受取手形などの債権について，その取得価額から貸倒引当金額を差し引いた金額で貸借対照表に計上することを要求している。

　なお，「金融商品に関する会計基準」（第27項〜第28項）は貸倒見積額の算定のさいに，それぞれの債権を図表9−1のように3区分に分類し，そのそれぞれに応じた見積方法を図表9−2のように規定している。

図表9−1　債権の分類

債権 ⎰
一般債権　　　…　経営状態に重大な問題が生じていない債務者に対する債権

貸倒懸念債権　…　経営破綻の状態には至っていないが，債務の弁済に重大な問題が生じているかまたは生じる可能性の高い債務者に対する債権

破産更生債権等　…　経営破綻または実質的に経営破綻に陥っている債務者に対する債権

図表9−2　貸倒見積高の算定方法

債権区分	貸倒見積高の算定方法
一般債権	債権全体または債権の種類ごとに，過去の貸倒実績率などの合理的な基準により貸倒見積高を算定する。
貸倒懸念債権	債権の状況に応じて，次のいずれかの方法により貸倒見積高を算定する。ただし，債務者の財政状態などが変化しない限り，同一の方法を継続して使用する。 ①債権額から担保の処分見込額および保証による回収見込額を控除した金額に対して，債務者の財政状態および経営成績を考慮して貸倒見積額を算定する方法 ②キャッシュ・フローを合理的に見積もることができる債権については，債権の元本および利息を当初の約定利子率で割り引いた金額の総額と，債権の帳簿価額との差額を貸倒見積額とする方法。
破産更生債権等	債権額から担保の処分見込額および保証による回収見込額を控除した金額を貸倒見積高とする。

研究 1

退職給付に関する会計処理

退職給付引当金を計上するさいに用いる退職給付費用の金額は，後述する過去勤務費用および数理計算上の差異に関する事柄を除けば，次のような算式によって求められる（「退職給付に関する会計基準」第14項）。

$$退職給付費用＝勤務費用＋利息費用－期待運用収益$$

それぞれの計算要素の内容は次のとおりである。

①勤 務 費 用

退職給付会計においてはまず，現在勤務している個々の従業員の退職後に企業が支払うと予測される退職給付の総額（退職給付見込額）のうち当期に発生したと認められる金額を算出する。その金額は退職時点の金額であるので，当期末における価値に修正するために割引計算を適用する。こうして求められた金額が，将来の退職給付に対する債務（退職給付債務）の当期増加分であるとみなされる。この当期における退職給付債務の増加分によって計上される費用が勤務費用である（同基準第8項および第16項–第17項）。

②利 息 費 用

勤務費用として算出された退職給付債務の当期増加分とは別に，退職給付債務の期首残高（割引後）に対しては，当期中に利息が生じているとみなされる。この計算上の利息部分が利息費用である（同基準第9項）。

③期待運用収益

企業が将来の退職給付の支給に充てるために外部に資金を積み立てて運用している場合がある。この資金を年金資産という。この年金資産の期首残高に対して合理的に予測しうる収益額が期待運用収益である。なお，年金資産を積み立てた場合には，その金額分だけ退職給付引当金勘定を減額させる（同基準第7項，第10項および第22項–第23項）。

〈設例〉

E社（決算日12月31日）の従業員G氏に対する退職給付に関する資料は次のとおりである。

- 20X1年1月1日に入社したG氏は，20X3年12月31日に退職すると予想される。G氏の退職時点における退職給付見積額は60万円であると見積もられた。
- 退職給付額のうち毎期の発生分は，退職給付見込額を全勤務期間で除した金額とする。
- 割引率は5％とする。
- 年金資産はないものとする。
- 仕訳にさいしては，円未満を四捨五入する。

　貸倒引当金の要繰入額（貸倒見積高）が算定できたならば，貸倒引当金勘定に計上する。「金融商品会計に関する実務指針」第125項は，「当事業年度末における貸倒引当金のうち直接償却により債権額と相殺した後の不要となった残額があるときは，これを取り崩さなければならない。ただし，当該取崩額はこれを当期繰入額と相殺し，繰入額の方が多い場合にはその差額を繰入額算定の基礎となった対象債権の割合等合理的な按分基準によって営業費用（…）又は営業外費用（…）に計上するものとする。また，取崩額の方が大きい場合には，…原則として営業費用又は営業外費用から控除するか営業外収益として当該期間に認識する」と定めている。

　貸倒引当金勘定に計上する方法については，従来から差額補充法と洗替法が認められてきたが，この実務指針の規定が制定されたことによって，毎期，貸倒引当金勘定の残高に不足分を追加して貸倒引当金勘定の残高を貸倒引当金の要繰入額に調整する（超過額がある場合は貸倒引当金勘定を減額して調整する）方法である差額補充法が適切な方法であると解釈されている[L2]。

設例 1

　A社はB社に対する受取手形と売掛金の合計額500万円（すべて一般債権）に対して，3％の貸倒れを見積もった。貸倒引当金勘定の残高（貸方）は5万円である。差額補充法によること。

　（借方）貸倒引当金繰入　100,000　　（貸方）貸倒引当金　100,000

（3）製品保証引当金

　家電製品などのように企業が商品を販売後，一定期間内に生じた故障などに対して無償で修理を行うというサービスを消費者に提供している場合がある。

　「企業会計原則」はそのようなサービスを提供している企業に対して，当期に販売した商品に関して次期以降に生じるであろう修理費を見積もり，当期の利益計算に含めることを認めている。

　その見積費用の計上にともなって貸借対照表に計上される負債が製品保証引当金である。

（1）20X1年12月31日

　　（借方）退 職 給 付 費 用　181,406　　　（貸方）退 職 給 付 引 当 金　181,406

　　＊退職給付費用（181,406円）は次のようにして算出される。
　　・　入社1年度目の退職給付の発生額＝600,000円÷3年÷$(1+0.05)^2$≒181,406円
　　・　退職給付債務の期首残高はゼロなので，利息費用は生じない。

（2）20X2年12月31日

　　（借方）退 職 給 付 費 用　199,546　　　（貸方）退 職 給 付 引 当 金　199,546

　　＊退職給付費用（199,546円）は次のようにして算出される。
　　・　入社2年度目の退職給付の発生額＝600,000円÷3年÷$(1+0.05)$≒190,476円
　　・　利息費用＝退職給付債務の期首残高（181,406円）×0.05≒9,070円
　　・　退職給付費用＝190,476円＋9,070円＝199,546円

　これまで検討してきたように退職給付会計処理は，将来支払うであろう退職給付を企業の債務であると解釈する。その債務のうち，貸借対照表に負債として計上すべき部分が退職給付引当金となる。しかも，その計上される金額は，将来支払う給付額，従業員の退職率など，非常に多様な見積要素を用いて計算される。

　それらの見積要素を用いた退職給付費用の計算においては，様々な変更や差異が発生する。その変更や差異のうち，退職給付水準の改訂などの変更によって生じた退職給付債務の増減分を過去勤務費用という。また，見積要素と現実の結果との差異を数理計算上の差異という。これらの過去勤務費用や数理計算上の差異は，一定の方法によって費用化処理されることにより，当期の退職給付費用および退職給付引当金の額の計算に含められ，当期の利益計算に影響を及ぼすことになる（同基準第11項–第12項および第24項–第25項）。

　なお，過去勤務費用や数理計算上の差異のうち，まだ費用化処理されていない部分は，その他の包括利益に含めて計上する（同基準第24項–第25項および第39項）。

　また，企業が退職給付に関して負う義務が，一定の掛金を外部の金融機関等に積み立てることだけである場合もある。「退職給付に関する会計基準」ではこのようなタイプの退職給付制度を確定拠出制度と呼び，その他の退職給付制度（確定給付制度）の会計処理（上述の会計処理）とは異なる会計処理方法を規定している（同基準第4項–第5項）。

　確定拠出制度を採用している場合，企業は退職給付に対して拠出する必要がある掛金の額（要拠出額）を費用（退職給付費用）として計上する。要拠出額のうち，未拠出の部分は未払金として処理する（同基準第31項–第32項）。

　このように，退職給付会計処理は非常に多様な予測要素を含んだ金額を貸借対照表に負債として計上する（すなわち，利益のマイナス要素を増加させる）会計処理である。

> **設例2**
> C社は当期に製品保証を付して販売した商品に対する修理費用25万円を見積もった。
> （借方）製品保証引当金繰入　250,000　　（貸方）製 品 保 証 引 当 金　250,000

（4）修繕引当金および特別修繕引当金

　企業が当期に使用した設備や機械などに対する修繕を次期以降に行うことがある。「企業会計原則」は，そのような企業に対して，当期に使用した設備などに関して次期以降に生じるであろう修繕費を見積もり，当期の利益計算に含めることを認めている。その見積費用の計上にともなって貸借対照表に計上される負債が修繕引当金である。また，その見積修繕費が溶鉱炉の大修繕などの大規模なものである場合には，特別修繕引当金が貸借対照表に計上される。

> **設例3**
> D社は当期に使用した設備などを次期以降に修繕するための費用30万円を計上した。
> （借方）修　　　繕　　　費　300,000　　（貸方）修　繕　引　当　金　300,000

（5）退職給付引当金

　企業が従業員に対して，退職一時金や企業年金などの給付（退職給付）を行うという契約を結んでいる場合がある。これらの退職給付に対する支払いは，将来，従業員が退職した後に行われるものである。

　企業会計基準第26号「退職給付に関する会計基準」は，将来，企業が従業員に対して支払うであろうと予想される退職給付を負債として計上するとともに，退職給付のうち当期の負担に属する額を費用として当期の利益計算に含めることを認めている。その退職給付に関して計上される負債が退職給付引当金（連結財務諸表においては，退職給付に係る負債）である（同基準第27項，第39項および第53項−第54項）。退職給付引当金とは，（借方）退職給付費用××　（貸方）退職給付引当金××，という仕訳を通じて貸借対照表に計上

研究2

引当金概念の拡大

　1962年の商法改正から1981年の商法改正までの期間，商法においては，将来の損失に備える引当金（いわゆる特定引当金）の設定が認められていた。この商法規定に基づき，多様な特定引当金項目が計上されていたという[R3]。この特定引当金は当時の「企業会計原則」の立場からは説明が困難な項目であり，多くの批判を浴びていた[R4]。なぜなら，当時の「企業会計原則」は，不確実性を伴う将来の偶発損失に備えるための引当金の計上を禁止していたからである。

　それに対して，現行の1982年改正「企業会計原則」は，注解18において発生の可能性の高い偶発事象に対する引当金の計上を認めている。「このことは，むしろ偶発事象に係る費用または損失こそ，引当金会計の対象にほかならないことを意味している[R5]」と指摘されるように，現行の「企業会計原則」における引当金会計処理は，将来の不確実な事象に係る費用または損失に対するものであると説明されている。

　このように，現行の「企業会計原則」における引当金概念は，従来のものよりも拡大されている。このことは，引当金として計上しうる項目が質的にも量的にも増加することにつながる。

研究3

引当金会計処理と保守主義の原則

　研究2で検討したように，現行の1982年改正「企業会計原則」においては，発生の可能性の高い偶発損失に係る引当金を当期の計算に含めることが認められている。その規定によって，債務保証損失引当金や損害補償損失引当金という，将来の損失に備えるための引当金（損失性引当金）の計上が許されている。

　解説1で検討したように，将来の期間に生じると予想される費用を当期の損益計算に含める処理の正当性は，「その費用が当期の収益の獲得に貢献しているから」という費用収益対応の論理によって説明されている。

　しかし，将来の損失を当期の損益計算に含める損失性引当金会計処理の正当性を，費用収益対応の論理で説明することは困難である。なぜなら，一般に，損失とは収益の獲得に貢献していないものとして説明されているからである[R6]。

　それゆえ，現行の「企業会計原則」における引当金概念の拡大は，費用収益対応の論理で説明できる範囲を超えて拡大されているといえる。加藤盛弘教授は損失性引当金を合理化する論理として保守主義が用いられるようになったとみておられる[R7]。

　この費用収益対応の原則や保守主義の原則のような会計理論が支えているのは，「企業会計原則」における引当金概念（およびその概念の拡大）である。そして，その「企業会計原則」における引当金概念の拡大は，貸借対照表に計上される負債（および損益計算書

される負債項目である（**研究1** [**R-58**]）。

3　現行「企業会計原則」における引当金規定

　将来の事柄を予測し，見積金額によって費用と負債を計上する引当金会計処理が認められる主たる根拠規定は，下記の「企業会計原則」注解18である。

　注18　　引当金について

　「将来の特定の費用又は損失であつて，その発生が当期以前の事象に起因し，発生の可能性が高く，かつ，その金額を合理的に見積ることができる場合には，当期の負担に属する金額を当期の費用又は損失として引当金に繰入れ，当該引当金の残高を貸借対照表の負債の部又は資産の部に記載するものとする。

　製品保証引当金，売上割戻引当金，返品調整引当金，賞与引当金，工事補償引当金，退職給与引当金，修繕引当金，特別修繕引当金，債務保証損失引当金，損害補償損失引当金，貸倒引当金等がこれに該当する。

　発生の可能性の低い偶発事象に係る費用又は損失については，引当金を計上することはできない。」

　この規定においては，たとえ取引が行われていない（取引価格が存在しない）将来の費用または損失であっても，下記の四つの条件を満たすものは貸借対照表および損益計算書に計上してよいことが明示されている。

　　①将来の特定の費用または損失であること

　　②その発生が当期以前の事象に起因すること

　　③その発生の可能性が高いこと

　　④その金額を合理的に見積もることができること

　さらに，この規定においては，発生の可能性の高い偶発損失に対しても引当金を計上してよいことが明確に示されている。

　このように，注解18の規定は，一定の判定基準を示すことによって，見積にもとづく将来項目を当期の利益計算に含めることを認め，その会計処理の正当性を支えていると考えられる。

　しかし，「企業会計原則」が1949年に制定された当時から，現在と同様の質と量の引当金項目の計上が認められてきたわけではない。財務諸表に計上することが認められる引当

に計上される費用）の質的および量的な拡大を支える役割を果たす。それゆえ，会計理論および「企業会計原則」において支えられてきた引当金概念の拡大がもつ会計上の意味は，Ⅲの始めに指摘したように，利益のマイナス項目の拡大であると考える。

研究4

負債項目の拡大と会計理論

　上述のように，どのように負債の性質や本質を解釈し説明するかに関わらず，負債は貸借対照表の貸方側（または資産のマイナス項目として借方側）に計上される。それでは，負債をいかに解釈し説明するかということは，利益計算に対して影響を及ぼさないのであろうか。そうではない，と考える。なぜなら，負債をいかなるものであると解釈するかによって，貸借対照表に計上される負債の質と量は異なってくるからである。

　たとえば，法的な債務のみが負債であると解釈すれば，貸借対照表に計上される負債は法的な債務に限られる。また，負債を法的な債務に限らないと解釈すれば，法的な債務以外の項目も負債として貸借対照表に計上されることになる。

　現行の「企業会計原則」は，法的な債務以外に，会計上の負債（未払費用，前受収益，および引当金）も負債であるとしている。とくに，引当金については，偶発債務のうち発生の可能性の高い項目を引当金として計上することも認めている。そのことによって，従来は負債計上が認められていなかった不確実性をともなう偶発債務項目の一部が利益計算に含められるようになった。

　このように，負債をいかなるものと解釈するかという会計理論上の問題は，会計基準の内容を支えることを通じて，貸借対照表に計上される負債の量と質の変化を支え，利益計算に影響を与える重要な役割を果たしていると考える。

　くわえて，近年，負債として貸借対照表に計上される項目がますます増加してきている。従来は負債として計上することが禁止されていた項目が負債であるとされ，ぞくぞくと貸借対照表に計上されてきている。その傾向はわが国だけではなく，国際的にもますます進展してきており，わが国の引当金会計処理におけるよりも非常に多様な将来予測要素を内包する負債項目を会計に導入することの是非が精力的に議論されている[R8]。そのような近年の議論においても，会計理論（とくに負債概念）が重要な役割を果たしていると考える。

　このような負債項目の拡大は，どのような意味をもつのであろうか。いかなる勘定科目で計上されようとも負債項目の拡大は基本的に貸借対照表の貸方項目の増加となる。そのことは，利益金額の減少につながる。ここに，負債拡大の会計上の意味があると考える。

金項目は，これまでの4度の「企業会計原則」の修正を経てしだいに拡大されてきた（**研究2［*R-60*］）（研究3［*R-60*］**）。

　貸借対照表に計上する引当金項目を拡大するということは，Ⅲの始めに指摘したように，利益のマイナス要素を拡大させることである。この利益計算への影響に，引当金項目の拡大がもつ会計上の意味があると考える（**研究4［*R-61*］）（研究5［*R-62*］**）。

注
(L1) 加藤盛弘『現代の会計学』（第3版）森山書店，2002年，128—129頁。
(L2) 桜井久勝『財務会計講義』（第8版）中央経済社，2007年，144頁。

研究5

資産除去債務会計

　わが国において，2008年に公表された企業会計基準第18号「資産除去債務に関する会計基準」（以下，第18号と呼ぶ）は，企業が将来の期間において建物などの有形固定資産を売却や廃棄などの方法で除去することに対する義務を負債として計上し，当期の利益計算に関わらしめることを要求している。

　第18号は「有形固定資産の取得，建設，開発又は通常の使用によって生じ，当該有形固定資産の除去に関して法令又は契約で要求される法律上の義務及びそれに準ずるもの」（同基準第3項，（1））を資産除去債務であると定義している。

　資産除去債務が発生したならば，将来，その有形固定資産を除去するさいに必要となると予想される金額を現在価値に割り引いた金額を用いて，「（借方）有形固定資産（貸方）資産除去債務」という仕訳を行う。この仕訳を通じて計上された資産は，その有形固定資産の残存耐用年数にわたって減価償却され，各期の費用として配分される。さらに，負債として計上された資産除去債務は，時の経過によって増加するとみなされる。その増加分（資産除去債務勘定の期首残高に当初の負債金額の算定において用いた割引率を乗じて算定した金額）は，それが発生した期間において，「（借方）利息費用（貸方）資産除去債務」という仕訳を通じて計上される。

　このように資産除去債務会計処理は，将来キャッシュ・アウトフローを資産除去債務として見積もり，その金額を①資産計上された見積除去費用の減価償却，および②時の経過による負債金額の調整（利息費用の計上），という2つの方法を通じて各期（実際に除去が行われる期間よりも前の各期間）の損益計算に関わらしめる会計処理である。それゆえ，資産除去債務会計は，多様な不確実性をともなう将来の費用を負債として，従来よりも早期に計上する会計処理であると考える。

注

(R1) 黒澤清『財務諸表論』（増補改訂版）中央経済社，1985年，221頁。

(R2) たとえば，飯野利夫『財務会計論』（三訂版）同文舘出版，1993年，第9章19—20頁。

(R3) 加藤盛弘『現代の会計学』（第3版）森山書店，2002年，131—133頁。

(R4) たとえば，番場嘉一郎『詳説　企業会計原則』森山書店，1975年，6頁。

(R5) 黒澤，前掲書，224頁。

(R6) たとえば，飯野，前掲書，第11章11—5頁。

(R7) 加藤，前掲書，136—137頁。

(R8) 将来負債項目の会計への導入に関する研究には，たとえば，次のようなものがある。Andrew Lennard and Sandra Thompson, Principal Authors, *Provisions: Their Recognition, Measurement, and Disclosure in Financial Statements*, FASB, 1995, および，IASB, Exposure Draft of Proposed, *Amendments to IAS 37 Provisions, Contingent Liabilities and Contingent Assets and IAS 19 Employee Benefits*, 2005［企業会計基準委員会訳『IAS第37号修正案　公開草案　引当金，偶発負債及び偶発資産　IAS第19号修正案　公開草案　従業員給付』，この翻訳はhttp://www.asb.or.jp/j_iasb/ed/20050630_2.pdfにおいて公表されている（2006年2月22日現在）］。

Ⅳ 資 本 （純資産）

貸借対照表

資　　　　　産	負　　　　　債
	期 首 資 本 （期 首 純 資 産）
	当 期 純 利 益

損益計算書

| 費　　　　　用 | 収　　　　　益 |
| 当 期 純 利 益 | |

資本（純資産）の会計上の意味と分類

1 資本（純資産）の会計上の意味

資本（純資産）とは，資産から負債を控除した残余のことをいう（**解説1** [*R–63*]）。

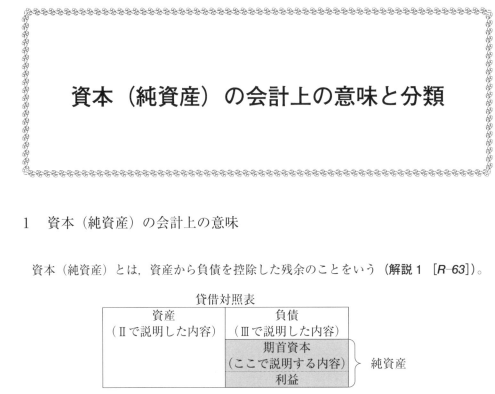

しかし，その資本（純資産）はいくつかの項目に分類される。まず，株主が払い込んだ払込資本と「それ以外の部分」に分類される。払込資本はさらに，資本金と資本剰余金に分類される。「それ以外の部分」は，伝統的に「利益」とされてきた。

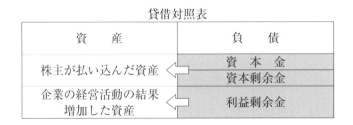

しかし，近年では，日本の会計基準において，資本の部の名称を「資本の部」から「純資産の部」に変更するとともに，払込資本以外の部分に，利益の他に「評価・換算差額等」や「新株予約権」など，いわば株主資本以外の資本が加えられた。

このことは，資産の増加を，伝統的な意味の資本でも利益でもない枠組み，つまり，「利益」の増加としないことを可能にする枠組みをつくったことを意味する。どのような

解説 1

「資本の部」から「純資産の部」への変更

　2006年5月からの新会社法の施行にともない，企業会計基準委員会（ASBJ）が2005年12月に公表した企業会計基準第5号「貸借対照表の純資産の部の表示に関する会計基準」によって，これまで貸借対照表において「資本の部」とされていたものが「純資産の部」という名称に変更された。

　これまで資本については，「財務諸表を報告する主体の所有者（株式会社の場合には株主）に帰属するもの」（同基準第18項）とされていた。しかし，「資本は報告主体の所有者に帰属するもの，負債は返済義務のあるものとそれぞれ明確にした上で貸借対照表の貸方項目を区分する場合，資本や負債に該当しない項目が生ずることがある」（同基準第20項）。たとえば，その他有価証券を時価で評価することによって生じた評価差額は，「払込資本でもなく損益計算書を経由した利益剰余金でもない」（同基準第25項）。つまり，所有者に明確に帰属しない項目が生じるようになったのである。そこで同基準は，「貸借対照表上，資産性又は負債性をもつものを資産の部又は負債の部に記載することとし，それらに該当しないものは資産と負債の差額として『純資産の部』に記載することとした」（同基準第21項）という。

　以上のように，「資本の部」が「純資産の部」に変更されることによって，資本は資産から負債を控除した差額概念として捉えられることになる。そのことは，資本のなかに，これまでの資本金，資本剰余金，利益剰余金という株主資本以外に，「評価・換算差額等」などの株主資本以外の資本が含められ，資産の増加を利益としない資本の枠組みがつくられたことを意味する。

解説 2

「純資産の部」の表示

　企業会計基準第5号「貸借対照表の純資産の部の表示に関する会計基準」では，まず，純資産のうち，所有者（株主）に帰属する部分を「株主資本」とし，帰属しない部分を「株主資本以外の各項目」に区分するとしている。

　株主資本は，資本金，資本剰余金，利益剰余金に区分される。個別貸借対照表上，資本剰余金は，資本準備金およびその他資本剰余金（資本準備金以外の資本剰余金）に区分され，利益剰余金は，利益準備金およびその他利益剰余金（利益準備金以外の利益剰余金）に区分される。その他利益剰余金のうち，任意積立金のように，株主総会または取締役会の決議にもとづき設定される項目については，その内容を示す科目をもって表示し，それ以外については繰越利益剰余金で表示されるとしている（同基準第4項，第5項，および第6項）。

　株主資本以外の項目は，個別貸借対照表上，評価・換算差額等と新株予約権に区分され

要因によるにしろ，資産の増加は負債，資本，あるいは利益の増加にならざるをえない。負債（の概念）を一定とするならば，資本（の概念）の拡大（利益としない概念の創出）は，利益の拡大を防ぐことになる。ここに資本（純資産）拡大の会計上の意味がある。

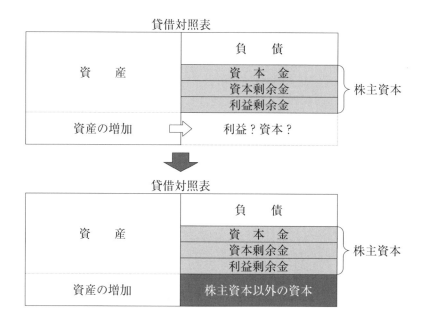

2　資本（純資産）の分類

　2005年に公表された企業会計基準第5号「貸借対照表の純資産の部の表示に関する会計基準」が要求している純資産の部の区分は，以下のようにまとめることができる（**解説2**［*R–63*］）。

る（同基準第7項）。

研究1

株主資本以外の項目としての新株予約権の性格

　新株予約権とは，ある一定の価格（行使価格）で会社の株式を購入することができる権利のことで，それを交付した会社は，その権利が行使された場合，当該価格でもって株式を発行もしくは自社の株式を交付しなければならない。新株予約権の交付を受けた者は，当該会社の株価が行使価格を上回っている場合，権利を行使することによって当該株式を購入し，すぐに市場で売却することによって利益を得ることができる。しかし，株価が行使価格を上回っていない場合は，権利は放棄（失効）されることになる。

　企業会計基準第5号「貸借対照表の純資産の部の表示に関する会計基準」では，新株予約権は，「将来，権利行使され払込資本となる可能性がある一方，失効して払込資本とはならない可能性もある。このように，発行者側の新株予約権は，権利行使の有無が確定するまでの間，その性格が確定しないことから，これまで，仮勘定として負債の部に計上することとされていた。しかし，新株予約権は，返済義務のある負債ではなく，負債の部に表示することは適当ではないため，純資産の部に記載することとした」（同基準第22項）としている。つまり，新株予約権は，負債の性格を有していないことから資本（純資産）とされる。しかし，新株予約権の交付を受けた者は，権利を行使することによって初めて当該会社の株主になるのであって，権利が行使されていない状態では株主ではないことから，純資産の部の株主資本以外の項目として表示されることになったのである。

　企業会計基準委員会（ASBJ）は，2005年12月に企業会計基準第8号「ストック・オプション等に関する会計基準」を公表した。ストック・オプションとは，会社が従業員等に対して，あらかじめ決められた価格（権利行使価格）で当該会社の株式を取得することができる権利を付与するという報酬制度である。同基準では，会社がストック・オプションを従業員等に付与した場合，これに応じて企業が従業員等から取得するサービス（労働）は，その取得に応じて費用として計上し，それに対応する金額を，ストック・オプションの権利の行使または失効が確定するまでの間，貸借対照表の純資産の部に新株予約権として計上することを要求している。

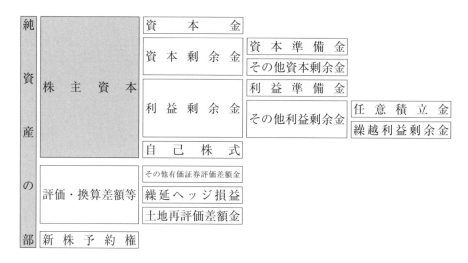

　本書では，個別貸借対照表における純資産の部の株主資本を中心に説明する（**研究1**　**[R-64]**）（**研究2**　**[R-65]**）。

研究2

包括利益概念の導入

　2010年6月に企業会計基準委員会から企業会計基準第25号「包括利益の表示に関する会計基準」が公表され，財務諸表において包括利益およびその他の包括利益を表示することが要求されることになった。当該基準は，連結財務諸表において2011年3月31日以後終了する連結会計年度の年度末に係る連結財務諸表から適用される。なお，個別財務諸表への適用については，当該基準の公表から1年後を目途に判断することとされていたが，2012年6月に改正企業会計基準第25号が公表され，当面の間，個別財務諸表には適用しないとされた。なお，第25号は，2013年9月に，連結会計基準の改正にともない，文言等が改正された（以下，本基準）。

　包括利益とは，「ある企業の特定期間の財務諸表において認識された純資産の変動額のうち，当該企業の純資産に対する持分所有者との直接的な取引によらない部分をいう。当該企業の純資産に対する持分所有者には，当該企業の株主のほか当該企業の発行する新株予約権の所有者が含まれ，連結財務諸表においては，当該企業の子会社の非支配株主も含まれる」（本基準第4項）。

　その他の包括利益とは，「包括利益のうち当期純利益に含まれない部分をいう。連結財務諸表におけるその他の包括利益には，親会社株主に係る部分と非支配株主に係る部分が含まれる」（本基準第5項）。

　現行の会計実務においてその他の包括利益に表示される項目は，その他有価証券評価差額金，繰延ヘッジ損益，為替換算調整勘定などがある。したがって，これらの項目の累計額は，これまで貸借対照表では，純資産の部の「評価・換算差額等」に表示されており，本基準によって，「評価・換算差額等」は「その他の包括利益累計額」となる。

　包括利益の計算の表示は，当期純利益にその他の包括利益の内訳項目を加減して包括利益を表示する（本基準第6項）。

　このような包括利益概念の導入は，単なる表示の問題ではない。ある種の金融商品などを公正価値で評価することから生ずる評価益は，本来，「純利益」とするところ，それを「その他の包括利益」として純利益の算定から除外する場所をつくるために，それらを総称する用語，すなわち，包括利益概念が必要になったと理解できる。

第10章　株　主　資　本

1　資　本　金

　資本金は株主の会社に対する出資額であり，会社法上，債権者のために最低限度維持すべき純資産の基準額を表す。このため，資本金は法定資本とも呼ばれる。資本金となる金額は原則として，1株の発行価額に発行済株式数を乗じた金額である（**解説1**　[*R-66*]）。しかし，以下（株式払込剰余金）で説明するように，原始定款，発起人全員の同意，あるいは取締役会の決議があれば，株式の発行価額のうち2分の1を超えない額は資本金に組み入れないことが認められている（**解説2**　[*R-66*]）。

2　資　本　剰　余　金

（1）資本剰余金の分類

　資本剰余金は，株主・その他による会社への資本拠出のうち，資本金にしない部分のことをいう。資本剰余金のうち，会社法によって積立が強制されているものを資本準備金，それ以外のものをその他資本剰余金に分類する（**解説3**　[*R-67*]）。

資本剰余金	資　本　準　備　金	株式払込剰余金 合併差益 株式交換・株式移転・会社分割による差益など
	その他資本剰余金	減資差益 自己株式処分差益 建設助成金（国庫補助金） 工事負担金 保険差益など

解説 1

株式と株式会社

〈株式とは〉

　株式会社は株式を発行して資本を調達する。株主（出資者）は自分の出資額を限度として会社の債務に責任を負う（有限責任制度）。

〈株式の種類〉

　株式には額面金額の記載のある額面株式と，記載のない無額面株式とがあるが，平成13年の商法改正で額面株式制度は廃止された。

〈授権資本制度〉

　株式会社の設立には会社法の規定によって1名以上の発起人を必要とし，発行株式の形態・総数などを定款に記載し，設立にさいし，その4分の1以上を発行しなければならない（ただし，公開会社でない会社は除く）。残りの株式は設立後，取締役会の決議により，必要に応じて発行する。この制度を授権資本制度という。

解説 2

出資金はなぜ資本金と資本準備金にわけるのか？

　株主から払い込まれた金額は，全額を資本金とするのが原則である。しかし，会社法では，株主から払い込まれた金額のうち，2分の1を超えない金額を資本金とせず，資本準備金（株式払込剰余金）とすることができるとしている。株主から払い込まれたものを，資本金と資本準備金とに区分することについて，会社法は明確な根拠を示していない。

　これについては，次のように考えられる。債権者保護を主目的とする会社法は，会社が勝手に資産を処分できないように，会社に可能なかぎり資産を維持させようとする。資産を会社内に維持させようとする債権者と，自由に処分したいと考える会社との利害を調整するために，資本金と資本準備金に区分すると考えられる。つまり，株主から払い込まれた資産を，鍵のかかった引き出しに入れるか（資本金），鍵のかかっていない引き出しに入れるか（資本準備金）の違いと考えれば理解できる。ただし，資本金に見合う資産は現金のような資産としてしまっておくのではなく，それは会社が経営活動のために商品や機械のような形態に変えて自由に使用できる。

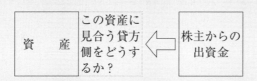

　株主からの出資金に対して，貸方側をどのようにするのか。つまり，株主から拠出された資産をどの引き出しに入れるのかというのが，資本金と資本準備金に区分する処理とな

（2）資本準備金

株式払込剰余金

　株式の発行価額のうち資本金に組み入れない部分を株式払込剰余金といい，会社法で資本準備金として積み立てなければならないと規定されている（会社法第445条２）。株式払込剰余金の金額の決定は以下のようにして行う。

> 発行価額の２分の１を超えない金額を資本金としないことができる

設例１

　A株式会社は増資にさいし，無額面株式200株を１株８万円で発行し，払込金を当座預金とした。なお，１株の発行価額のうち資本金の組み入れは会社法の規定する最低額とする。

（借方）当　座　預　金 16,000,000　　（貸方）資　　　本　　　金　8,000,000
　　　　　　　　　　　　　　　　　　　　　　株式払込剰余金　8,000,000

（3）その他資本剰余金

①　減　資　差　益

　事業を縮小したり，欠損金を填補したりする場合に，資本金を減額することがある。これを減資という。減資を行った場合，資本金の減少額が株主に払い戻した金額を超えることがあり，また，資本金の減少額が填補した欠損金の金額を超えることがある。この超過額を減資差益という。減資差益は株主の払込額のうち，株主に返還されずに企業に残っている部分であるため[L1]，資本剰余金とされる。

②　建　設　助　成　金

　国または地方公共団体が，特定産業の維持・振興のために設備建設に対する助成金を企業に交付することがある。これを建設助成金という。これは法的には贈与であるが，固定資産を取得するための資金であり，企業内に永く維持されることが期待される。「企業会計原則」の立場からは，それは資本助成であり，資本剰余金として扱わなければ贈与者の意図に反することになるとされる[L2]。

③　工　事　負　担　金

　電気会社やガス会社などが，電気やガスの供給に必要な設備の建設資金を利用者に負担させることがある。これを工事負担金という。これも建設助成金と同様に資本助成目的で

る。しかし，ひとたび借方側の資産に見合う貸方側が資本金かあるいは資本準備金というように決定されると，その貸方側（資本金か資本準備金）によって借方側の資産の拘束度合いが異なることになる。したがって，会社法による資本の規定は，その資本に見合う借方側の資産をどのような形で拘束するのかという考え方によるものであると考えられる。

解説3

資本剰余金はなぜ資本準備金とその他資本剰余金にわけるのか？

　資本剰余金は，基本的には株主から払い込まれた出資金のうち資本金にしない部分である。その資本剰余金のうち，解説2で説明したように，会社法によって積立が強制されている資本準備金に組み入れなかった部分がその他資本剰余金になる。資本金に見合う資産が鍵のかかった引き出しに入れられ，資本準備金に見合う資産が鍵のかかっていない引き出しに入れられるとすれば，その他資本剰余金は引き出しではなく，机の上に置かれたトレーの中に入れられると考えられる。つまり，拘束力がかなり弱まるのである。したがって，その他資本剰余金に見合う資産は，株主に対して配当という形で処分できるのである。

あり，資本剰余金として維持されるべきものであるとされる[L3]。

3　利益剰余金

（1）利益剰余金の分類

利益剰余金とは，会社自らの損益取引から生じた利益の留保額のことをいう。利益剰余金のうち，会社法によって積立が強制されているものを利益準備金，それ以外のものをその他利益剰余金に分類する（**解説4**　[R-68]）。

（2）利益準備金

会社法の規定にしたがって利益のなかから積み立てなければならない法定準備金。

（3）その他利益剰余金

①　任意積立金

任意積立金とは，会社が将来の何らかの目的のために，利益準備金とは別に社内に留保し，目的額に達するまで積み立てられる剰余金をいう。目的上から分けると，次のようなものがある。事業拡張積立金・新築積立金・配当平均積立金・災害損失填補積立金などがある。なお，特定の目的がなく積み立てたものを別途積立金という。

②　繰越利益剰余金

当期の会社自らの損益取引から生じた利益は，いったん繰越利益剰余金として表示される。そこから配当として処分されたり，利益準備金や任意積立金に振り替えられる。繰越利益剰余金が処分された後，なおもその残額がある場合には，そのまま繰越利益剰余金として繰り越す。

4　自己株式

会社法第155条では，ある一定の条件のもとで自社の株式を取得することが認められて

解説 4

利益剰余金はなぜ利益準備金とその他利益剰余金にわけるのか?

　利益剰余金とは，会社自らの損益取引から生じた利益の留保額である。会社は株主から拠出された資産をもとに，経営活動を行う。その経営活動によって利益を稼得する（もうける）。利益を稼得する（もうける）ということは，最初にあった純資産よりも資産を増加させることである。

資　　　　　　　産	負　　　　　　　債
	資　　本　　金
	資　本　剰　余　金
経営活動によって増加した資産	

　株主から拠出された資産が資本金と資本剰余金であるのに対して，その資産をもとに会社が経営活動を行い，その最初にあった純資産よりも増加させた資産に見合う貸方側が利益剰余金となる。資本金と資本剰余金が木の幹であるとするなら，利益剰余金は果実ということになる。

　その経営活動によって増加した純資産は利益剰余金となるのであるが，その利益剰余金を利益準備金とその他利益剰余金に区分するのはなぜか。会社自らの経営活動によって増加させた資産は，会社が自由に処分できる資産である。しかし，その全額を株主に配当してしまうなど，もうけた分をすべて使ってしまうとどうなるか。いざというときに処分できる資産がないという状態になってしまう。債権者保護を目的とする会社法は，会社がすべて処分してしまわないように，増加させた資産のうち，ある一定額を会社内に留保させるのである。それが利益準備金である。増加させた資産のうち利益準備金に組み入れなかった額を，その他利益剰余金として，会社が自由に処分できるようにしている。

	負　　　　　　　債	
資　　　　　　　産	資　　本　　金	
	資　本　剰　余　金	
経営活動によって ⟸	利　益　準　備　金	⎫
増加した資産 ⟸	その他利益剰余金	⎬ 利益剰余金

株主への配当などで自由に処分できる資産 ⟸

　引き出しの例でいうならば，利益準備金は資本準備金と同様に，それに見合う資産を鍵のかかっていない引き出しに入れるということである。その他利益剰余金は，それに見合う資産を机の上にそのまま置いている，つまり，いつでも自由に処分できる資産ということになる。その他資本剰余金が机の上のトレーに入れられているのに対して，その他利益剰余金はトレーにも入れずにそのまま机の上に置かれており，その他資本剰余金よりもさらに自由に処分できる資産ということになる。

いる。自己株式の取得に係る会計処理は，企業会計基準第 1 号「自己株式及び準備金の額の減少等に関する会計基準」によって以下のように規定されている（**解説 5 ［*R-69*］**）。

① **自己株式の取得および保有**

取得した自己株式は，取得原価をもって純資産の部の株主資本から控除する形式で表示する。

② **自己株式の処分**

取得原価（帳簿価額）を上回る価格で自己株式を処分した場合は，自己株式処分差益としてその他資本剰余金に計上する。取得原価を下回る価格で処分した場合は，自己株式処分差損として，その他資本剰余金から減額する（その他資本剰余金がゼロになった場合は，繰越利益剰余金から減額する）。

③ **自己株式の消却**

自己株式の取得原価（帳簿価額）をその他資本剰余金から減額する。

注

(L1) 加藤盛弘『現代の会計学』（第 3 版）森山書店，2002年，149頁。
(L2) 同書，150頁。
(L3) 同書，151頁。

解説 5

自己株式の考え方

　自社が発行した株式を取得するということは，株主が払い込んだ資本を株主に返還すること，すなわち，減資ということになる。しかし，減資（株式の消却）という手続きをとらずに，そのまま自社が発行した株式を保有することが会社法で認められている。

　企業会計基準第1号「自己株式及び準備金の額の減少等に関する会計基準」は，「自己株式を取得したのみでは発行済株式総数が減少するわけではなく，取得後の処分もあり得る点に着目し，自己株式の保有は処分又は消却までの暫定的な状態」（同基準第32項）であるとして，純資産の部の株主資本から控除する形式で表示することを要求している。

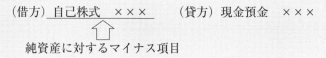

$$（借方）自己株式　×××　　（貸方）現金預金　×××$$

純資産に対するマイナス項目

　また，自己株式を処分したときに生ずる自己株式処分差額についても，「自己株式の処分が新株の発行と同様の経済的実態を有する点を考慮すると，その処分差額も株主からの払込資本と同様の経済的実態を有すると考えられる」（同基準第37項）として，有価証券売却損益のように損益計算書に計上するのではなく，資本剰余金に加減するのである。

　自己株式の取得，処分，消却に係る付随費用についても，有価証券を取得したときのように付随費用をその取得原価に加えるのではなく，上記のように新株の発行と同じ経済的実態を有しており，付随費用は株主との取引ではなく財務費用であるとの考えから，新株発行費用と同様に営業外費用として処理される。（なお，国際的な会計基準では，付随費用は自己株式本体の取引と一体であるとみなして，自己株式の取得原価に加える処理方法が採用されている。）

第11章　剰余金の配当

1　剰　余　金

（1）会計理論上の剰余金

　会計理論上，剰余金とは，株主資本のうち資本金以外の部分を剰余金という。前章でも説明したように，剰余金は利益の留保額からなる利益剰余金と，利益以外の源泉から生ずる資本剰余金とに区別される（**解説1**［*R-70*]）。

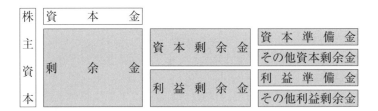

（2）会社法上の剰余金

　会社法上，剰余金とは，株主資本のうち資本金および会社法上積立が強制されている資本準備金と利益準備金（法定準備金）以外の部分をいう。つまり，会社法上の剰余金とは，その他資本剰余金とその他利益剰余金ということになる（**解説1**［*R-70*]）。

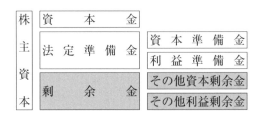

解説 1

剰余金の意味

　剰余という言葉は，一般的には「余り・残り・余分」という意味である。これを会計上のことでいうならば，剰余金に見合う借方側の資産が余っている資産，つまり，自由に処分できる資産ということになる。

　この自由に処分できる資産をどうするかが問題となる。会計理論上は，資本金額を超える株主資本が剰余金となる。その剰余金を源泉別に分類すると，資本取引から生じた剰余金が資本剰余金，損益取引から生じた剰余金，すなわち，利益の留保額が利益剰余金となる。

　しかし，会社法では，株主資本の表示については，会計理論的な分類表示にしているが，自由に処分できる資産については，債権者保護の見地から，会計理論上の剰余金よりも狭い範囲にしている。すなわち，会計理論上の剰余金のうち，一定額を資本準備金と利益準備金（両者を合わせて法定準備金という）として積立を強制しているのである。したがって，会社法上の剰余金は，会計理論上の剰余金から法定準備金を除いた部分となり（その他資本剰余金とその他利益剰余金），それに見合う借方側の資産が自由に処分できることになる。

解説 2

利益の配当から剰余金の配当に

　旧商法の考え方では，株主への配当は，利益のなかから配当することを基本としていた。つまり，株主が払い込んだ資本をもとに営業活動を行い，そこから得られた果実（利益）を株主に分配するという考え方である。したがって，旧商法では，株主への配当は利益の配当であった。

　しかし，会社法は，利益の配当に限られず，株主が払い込んだ一部，すなわち，その他資本剰余金も配当することを可能にしたため，剰余金の配当という考え方になった。

2　剰余金の配当

　会社法では，株主総会の決議があれば，事業年度中に何度でも（会社法上の）剰余金を株主に配当することができる（**解説2**［**R-70**］）。ただし，剰余金すべてを配当することはできず，会社法では剰余金のうち配当できる金額に制限を設けている。すなわち，剰余金から自己株式の処分差損益などの加算・減額項目を加減した金額が分配可能額ということになる（**解説3**［**R-71**］）。さらに，剰余金の配当を行う場合は，資本金の4分の1の額に達するまで，資本準備金および利益準備金を積み立てなければならないため，この分配可能額から資本準備金もしくは利益準備金組入額を控除した金額が配当可能額になる。

　その他利益剰余金から配当を行う場合は，金銭による配当金額の10分の1に相当する金額，もしくは資本金の4分の1から資本準備金と利益準備金の既積立額を控除した金額のいずれか低い金額を利益準備金として積み立てなければならない（会社計算規則第22条2）。また，その他資本剰余金から配当を行う場合も，上記と同じ規定に従って，資本準備金として積み立てなければならない（会社計算規則第22条1）。

3　株主資本等変動計算書

　株主資本等変動計算書とは，貸借対照表の純資産の部の一会計期間における変動額のうち，主として，株主に帰属する部分である株主資本の各項目の変動事由を報告するために作成するものである。

　株主資本等変動計算書は，貸借対照表の純資産の部の表示区分に従って作成する。株主資本の各項目は，当期首残高，当期変動額，当期末残高に区分し，当期変動額は変動事由ごとにその金額を表示する。

　株主資本以外の各項目は，当期首残高，当期変動額，当期末残高に区分し，当期変動額は純額で表示する。ただし，当期変動額について，主な変動事由ごとにその金額を表示す

解説3

法定準備金（資本準備金と利益準備金）の取崩

　会社法では，ある一定の条件のもとで資本準備金と利益準備金を減少させること（取り崩すこと）ができるとしている（第448条）。準備金を減少させた場合は，その額は剰余金に振り替えられることになり，分配可能額に含められる。

　会計理論上，基本的に，株主によって払い込まれた金額の一部である資本剰余金と，利益の留保額からなる利益剰余金は性格を異にするものであり，明確に区分しなければならないという考えがある。資本剰余金である資本準備金を取り崩して剰余金に振り替えた場合，それを利益剰余金にしてしまうと，資本剰余金と利益剰余金が混同されてしまうことになる。そこで，企業会計基準第1号「自己株式及び準備金の額の減少等に関する会計基準」では，資本剰余金の利益剰余金への振替を原則として禁止している。

　同基準は，払込資本と払込資本を利用して得られた成果を区分するという立場から，資本準備金を減少させることによって生ずる剰余金はその他資本剰余金，利益準備金を減少させることによって生ずる剰余金はその他利益剰余金（繰越利益剰余金）に計上することを求めている。しかし，資本準備金の一部がその他資本剰余金，利益準備金の一部がその他利益剰余金に区分して振り替えられても，会社法では同じ剰余金として配当することが可能になるのである。

解説4

株主資本等変動計算書と貸借対照表および損益計算書の関係

　株主資本等変動計算書は当期首の貸借対照表の純資産残高①から出発し，当期損益計算書で算出された当期純損益②を受けて，（繰越）利益剰余金などの純資産科目の期末残高③を計算し，当期末貸借対照表に引き継がせる。

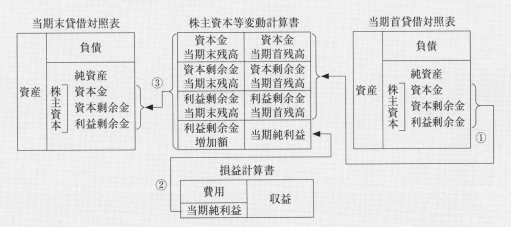

ることもできる。

　株主資本等変動計算書と貸借対照表および損益計算書を合わせて，主要な財務諸表といわれ，相互に関係している（**解説4** [**R-71**]）。

設例1

　以下の資料と当期中の取引にもとづいて，当期の株主資本等変動計算書を作成しなさい。当期はX1年4月1日からX2年3月31日までの1年である。純資産の減少となる項目には，数字の頭に△印を付すこと（**解説5** [**R-72**]）。

　　資　料：期首貸借対照表残高（一部）（単位：千円）

　　　　　　　資　本　金　100,000

　　　　　　　資本準備金　5,000　　その他資本剰余金 8,000

　　　　　　　利益準備金 15,050　　繰越利益剰余金　85,000

当期中の資本取引：

1．新株を発行し，払込金額 10,000千円の全額が当座預金口座に振込まれた。なお，資本金計上額は会社法規定の最低額とする。

2．剰余金の配当16,000千円（その他資本剰余金より 4,000千円，繰越利益剰余金より12,000千円）を行った。なお，準備金については会社法に規定する額を積立てる。

3．自己株式

（1）　自己株式1,000株を1株当たり10千円で取得し，手数料500千円とともに当座預金より支払った。

（2）　保有する自己株式のうち500株を1株当たり8千円で処分し，代金は当座預金口座に振り込まれた。なお，処分にあたり手数料250千円を当座預金より支払った。

（3）　保有する自己株式のうち100株を消却した。なお，消却にあたり手数料200千円を当座預金より支払った。

4．当期純利益は9,000千円である。

解説5

株主資本等変動計算書の作成（設例の解説）

(単位・千円)

| | 株　主　資　本 | | | | | | 評価・換算差額等 | 新株予約権 | 純資産合計 |
| | 資本金 | 資本剰余金 | | 利益剰余金 | | 自己株式 | その他有価証券評価差額金 | | |
		資本準備金	その他資本剰余金	利益準備金	繰越利益剰余金				
当期首残高	100,000	5,000	8,000	15,050	85,000				213,050
当期変動額									
新株の発行	5,000	5,000							10,000
剰余金の配当		300	△4,300	900	△12,900				△16,000
当期純利益					9,000				9,000
自己株式の取得						△10,000			△10,000
自己株式の処分			△1,000			5,000			4,000
自己株式の消却			△1,000			1,000			0
その他資本剰余金の補填									
株主資本以外の項目の当期変動額									
当期変動額合計	5,000	5,300	△6,300	900	△3,900	△4,000			△3,000
当期末残高	105,000	10,300	1,700	15,950	81,100	△4,000			210,050

1．新株の発行

```
（借）当座預金　10,000          （貸）資　本　金　5,000*1
                                    資本準備金　5,000*1
```

*1　10,000千円×1/2=5,000千円

2．剰余金の配当
　会社法の規定では、企業が剰余金の配当を行う場合、配当額の1/10と資本金の1/4の金額に達するまでの準備金要積立額のどちらか小さい額を同時に積立なければならない。

（単位・千円）

	株　　主　　資　　本						評価・換算差額等	新株予約権	純資産合計
		資本剰余金		利益剰余金			その他有価証券評価差額金		
	資本金	資本準備金	その他資本剰余金	利益準備金	繰越利益剰余金	自己株式			
当期首残高	100,000	5,000	8,000	15,050	85,000				213,050
当期変動額									
新株の発行									
剰余金の 　　　配当									
当期純利益									
自己株式の 　　　取得									
自己株式の 　　　処分									
自己株式の 　　　消却									
その他資本 剰余金の補填									
株主資本以 　外の項目の 　当期変動額									
当期変動額 　　　合計									
当期末残高									

①配当額×1/10：16,000千円×1/10＝1,600千円

②配当時の資本金×1/4－配当時の準備金：

(100,000千円+5,000千円)×1/4－(5,000千円+5,000千円+15,050千円)

＝1,200千円

③準備金要積立額：①＞② → 1,200千円

　なお，この準備金要積立額は，その他資本剰余金からの配当額とその他利益剰余金（繰越利益剰余金）からの配当額の比率に応じて資本準備金積立額と利益準備金積立額に按分する。

(借) その他資本剰余金 4,300*4	(貸) 資 本 準 備 金 300*2
	未 払 配 当 金 4,000
(借) 繰越利益剰余金 12,900*5	(貸) 利 益 準 備 金 900*3
	未 払 配 当 金 12,000

*2　1,200千円×[4,000千円/(4,000千円+12,000千円)]＝300千円

*3　1,200千円×[12,000千円/(4,000千円+12,000千円)]＝900千円

*4　300千円+4,000千円＝4,300千円

*5　900千円+12,000千円＝12,900千円

3．自己株式

(1) 自己株式の取得

　自己株式の取得に係る付随費用は自己株式の取得原価に算入せずに，営業外費用として処理する。

(借) 自己株式 10,000*6	(貸) 当座預金 10,000
(借) 支払手数料 500	(貸) 当座預金 500

*6　@10千円×1,000株＝10,000千円

(2) 自己株式の処分

　自己株式の処分に係る付随費用は，原則として，営業外費用として処理する。

```
(借) 当 座 預 金    4,000*7      (貸) 自 己 株 式  5,000*8
    その他資本剰余金  1,000*9
(借) 支 払 手 数 料    250      (貸) 当 座 預 金    250
```

* 7　@8千円×500株＝4,000千円
* 8　@10千円×500株＝5,000千円
* 9　(@8千円−@10千円)×500株＝△1,000千円（処分差損）

（3）自己株式の消却
自己株式の消却に係る付随費用は，営業外費用として処理する。

```
(借) その他資本剰余金  1,000*10    (貸) 自 己 株 式  1,000
(借) 支 払 手 数 料    200      (貸) 当 座 預 金    200
```

* 10　@10千円×100株＝1,000千円

4．当期純利益
当期純利益を繰越利益剰余金に振り替える。

```
(借) 損       益  9,000      (貸) 繰越利益剰余金  9,000
```

Ⅴ 収 益 と 費 用

貸借対照表

資　　　　　産	負　　　　　債
	期　首　資　本 （期　首　純　資　産）
	当　期　純　利　益

損益計算書

費　　　　　用	収　　　　　益
当　期　純　利　益	

収益・費用の会計上の意味と分類

1　収益・費用の会計上の意味

　収益とは，企業が営業活動において外部から獲得した財貨や用役のことである。具体的には，商品や製品の売上高などである。

　費用とは，企業が営業活動において費消した財貨や用役のことである。具体的には，商品や製品の売上原価や，給料，広告宣伝費などである。

　一会計期間に属する収益と費用を対応させて，利益を計算してみせるのが損益計算書である。すなわち，損益計算書はフローの側面から利益計算を行うものである。第1章で説明したように，その計算は次のような等式によってなされる。

$$収益 - 費用 = 利益$$

　それを図示したものが，下記の図である。

損益計算書

費　用	収　益
利　益	

　上記の計算式や図からわかるように，収益に含まれる項目・金額が増加すれば利益額は増加し，費用に含まれる項目・金額が増加すれば利益額は減少する。

研究 1

当期業績主義と包括主義

　どのような項目を損益計算書に計上するかについては，従来から当期業績主義と包括主義という二つの考え方が存在する。それらの考え方は，損益計算書における期間損益計算にいかなる項目を含めるか，具体的には，非経常的な項目を含めるか含めないかという点において大きく異なっている。それらの考え方のうち，どちらの考えにもとづくかによって，期間損益計算に含まれる収益と費用の範囲と金額が異なり，結果として計算される利益金額が異なってくる。

　当期業績主義とは，当期の業績に関する損益の計算を重視する考え方である。したがって，臨時的・偶発的な損益項目および過年度損益修正項目など，当期の業績に関係のない項目を期間損益計算から除外して当期純損益計算を行う。

　これに対して包括主義とは，臨時的・偶発的な損益項目および過年度損益修正項目なども期間損益計算に含めるべきとする考え方である。

　わが国では，昭和49年の「企業会計原則」の修正前には，当期業績主義損益計算書が採用されていた。そこでは経常利益が当期純利益として示され，当期の業績に関係のない項目は利益剰余金計算書に記載されていた。昭和49年の修正後は，包括主義損益計算書が採用されたのである。

　現在のアメリカにおいては，公正価値評価によって生じたある種の評価差額などをその他の包括利益として表示し，当期純利益にその他の包括利益を加減して，包括利益を表示するという様式が採用されている。また，国際的にも，所有主との取引以外の取引から生じた持分（資本）の変動を財務業績（包括利益）とみる立場が採用されつつある。

　なお，包括利益については，Ⅳ　資本（純資産）の研究2［R-65］で詳述されている。

2 収益・費用の分類

「企業会計原則」は，「損益計算書には，営業損益計算，経常損益計算及び純損益計算の区分を設けなければならない」（損益計算書原則二）としている（**研究1 ［R-75］**）。収益・費用項目は，以下のように分類され，該当する計算区分に計上される。

①売上高（利益に対してプラスの項目）

②売上原価（利益に対してマイナスの項目）

③販売費及び一般管理費（利益に対してマイナスの項目）

　本来の営業活動のために要した費用（給料，減価償却費，貸倒引当金繰入など）

④営業外収益（利益に対してプラスの項目）

　本来の営業活動以外の活動から生じた収益（受取利息，有価証券売却益など）

⑤営業外費用（利益に対してマイナスの項目）

　本来の営業活動以外の活動から生じた費用（支払利息，繰延資産の償却費など）

⑥特別利益（利益に対してプラスの項目）

　臨時的な利益および前期損益の修正益（貸倒引当金戻入，償却債権取立益など）

⑦特別損失（利益に対してマイナスの項目）

　臨時的な損失および前期損益の修正損（固定資産売却損など）

　なお，特別損益として表示されていた前期損益の修正損益は，企業会計基準第24号「会計方針の開示，会計上の変更及び誤謬の訂正に関する会計基準」によって，当期中の状況変化により会計上の見積りの変更を行った場合は営業損益または営業外損益として認識し，過去の誤謬に該当する場合は修正再表示を行うことになった。

営業損益計算区分	＋ 売 上 高
	－ 売 上 原 価
	売 上 総 利 益
	－ 販売費及び一般管理費
	営 業 利 益
経常損益計算区分	＋ 営 業 外 収 益
	－ 営 業 外 費 用
	経 常 利 益
純損益計算区分	＋ 特 別 利 益
	－ 特 別 損 失
	税引前当期純利益
	－ 法 人 税 等
	当 期 純 利 益

第12章　収益の認識と測定

1　収益認識会計基準の公表

　これまで収益は，第2章で説明したように「企業会計原則」にしたがって実現主義の原則によって認識されてきた。ここでいう実現主義の原則とは，次の二つの要件が満たされた時点で収益を認識するというものである。

　　①　財貨または用役を第三者に提供すること。

　　②　その対価として現金や受取債権などの貨幣性資産を受け入れること。

　しかし，収益は取引の内容（収益の獲得形態）によって，実現主義の原則が適用されない場合もあり，収益が生じるすべての取引を包括的に処理する会計基準が存在しなかった。

　そのようななかで，アメリカの会計基準を設定する機関である財務会計基準審議会（FASB）と国際会計基準を設定する機関である国際会計基準審議会（IASB）は共同で，2002年から収益認識基準を開発するプロジェクトに着手してきた。

　そのプロジェクトの目的は，これまでのアメリカの一般に認められた会計原則（US-GAAP）の収益認識の要件と，国際財務報告基準（IFRS）とは異なっており，両方の要件を改善する必要性から，収益を認識するための原則を明確にし，US-GAAPとIFRSに共通の収益認識基準を開発することであった。

　そのプロジェクトの結果，2014年5月に，FASBはFASB Accounting Standards Codificationを改定し，新たにTopic 606「顧客との契約から生じる収益」（Accounting Standards Update, No. 2014-09として公表）を付け加え，IASBは，IFRS第15号「顧客との契約から生じる収益」を公表することになった。

　これを受けて，日本の会計基準を設定する機関である企業会計基準委員会（ASBJ）

解説1

（ステップ1）顧客との契約の識別

　ステップ1では，顧客との契約が存在することを確認する。その契約は，書面による契約に限らず，口頭による約束も契約とみなされる。その契約が存在するための要件が①から⑤に記載されている事項である。要するに，顧客に商品やサービスを提供し，それに対する対価を受け取るという契約が存在するかどうかを確認するということである。逆に言えば，実質のない架空の契約では，収益を計上してはならないということである。

解説2

（ステップ2）契約における履行義務の識別

　ステップ1で契約が存在していることが確認できると，次は，その契約のなかに，どのような義務が存在するかを確認し，それを区別する。つまり，その契約のなかに含まれる**別個の財またはサービス**を提供する義務は，別々の履行義務として区別しなければならない。これについて，設例を用いて説明しよう。

> **＜設例＞** A社（ソフトウェア開発業者）が，B社（顧客）に対して，ソフトウェアのライセンスを販売するとともに，そのソフトウェアを顧客のパソコンにインストールし，その後2年間にわたって，そのソフトウェアをアップデートするサービスと，テクニカルサポートをする契約を締結したとする。

　この契約のなかに，いくつの履行義務があるのか。まず一つ目が，ソフトウェアのライセンスを販売する義務である。顧客のB社はこのソフトウェアを使用することによって仕事の効率化が図れるなど，何らかの便益を享受できるとみなされるため，一つの履行義務として識別される。
　二つ目は，インストールサービスである。B社にとって，このソフトウェアをパソコンにインストールしてもらえるのは，自分たちでするより手間が省けるため，便益を享受することができるということで，識別できる履行義務となる。
　三つ目は，アップデートサービスである。とくにアップデートしなくても，このソフトウェアは使用できるが，アップデートすることによって，新機能が付け加えられたり，使い勝手が良くなったりと，B社は便益を享受できると考えられる。
　四つ目は，テクニカルサポートである。このソフトウェアの使い方がわからなかったら，自分たちでマニュアルを見てソフトウェアを使うこともできるが，マニュアルを見るより，サポートを受けるほうが便利であり，これも便益を享受できるとみなされる。
　以上から，この契約では，四つの履行義務を識別しなければならないことになる。
　上記の設例で，たとえば，ソフトウェアのライセンスを販売するのは同じであるが，そ

は，収益認識基準については，上記のように「企業会計原則」が基本的な原則を示していたが，包括的な会計基準が開発されていなかったこと，IFRS第15号が公表されたことで国内外の企業間における財務諸表の比較可能性を確保する必要があったことから，2015年から収益認識に関する包括的な会計基準の開発に向けた検討に着手し，2018年3月に企業会計基準第29号「収益認識に関する会計基準」（以下，収益認識基準という），および企業会計基準適用指針第30号「収益認識に関する会計基準の適用指針」を公表した。この会計基準は，2021年4月1日以後開始する事業年度の期首から適用されている。

2　収益認識基準の概要

　収益認識基準は，次の五つのステップによって収益を認識することを要求している。
　（ステップ1）顧客との契約を識別する
　（ステップ2）契約における履行義務を識別する
　（ステップ3）取引価格を算定する
　（ステップ4）契約における履行義務に取引価格を配分する
　（ステップ5）履行義務を充足した時に（または，充足するにつれて）収益を認識する
　この収益認識の手順について，簡単な例を用いて説明しよう（適用指針設例1を参照）。
　たとえば，当期首に，企業は顧客と標準的な商品Xの販売と，2年間の保守サービスを提供する一つの契約を締結した。当期首に商品Xを顧客に引き渡し，当期首から翌期末まで保守サービスを行う。契約書に記載された対価の額は12,000円であるとする。

　まず，（ステップ1）の「顧客との契約を識別する」ということは，顧客との契約が存在するかどうか，つまり，実質のある売買取引が生じているのかどうかを判定するということである。上記の文章で，「当期首に，企業は顧客と標準的な商品Xの販売と，2年間の保守サービスを提供する一つの契約を締結した」ということなので，契約は存在することになる。

　次に，（ステップ2）の「契約における履行義務を識別する」ということは，この契約のなかに，顧客に対して，どのような義務があるかということを明確にするということである。この契約では，「顧客に商品Xを引き渡さなければならない義務」と「その後2年間にわたって保守サービスを行わなければならない義務」という二つの義務がある。つまり，この契約には二つの履行義務が存在するということになる。

　履行義務を識別すると，次の（ステップ3）の「取引価格を算定する」ことになる。

れをB社のパソコンにインストールするときに，B社の独自のシステムに組み込んで初め
て機能するようなソフトウェアであったとする。この場合，B社はこのソフトウェアのラ
イセンスを購入しただけでは使用することができず，これをB社のシステムに組み込んで
初めてこのソフトウェアを使用することができる，つまり，便益を享受できる状態になる
ため，ライセンスの販売とインストールサービスは別個のサービスとして区別して識別で
きず，この二つを合わせて，一つの履行義務として識別することになる。

解説3

（ステップ3）取引価格の算定（変動対価）

　変動対価とは，値引き，リベート，返品権付き販売などで生ずる，販売後に対価が変動
する場合のことをいう。この変動対価について，返品権付き販売の設例を用いて説明しよ
う。

> ＜設例＞C社はD社（顧客）に1個1,000円の製品を100個販売する契約を締結し，C
> 社はD社にすでに製品100個を引き渡し，その対価である100,000円を受け取ってい
> る。ただし，D社は30日以内ならば未使用の製品をC社に返品することができ，C社
> は返品された製品について全額返金しなければならないという条件が付けられている
> とする。

　この契約の取引価格は100,000円（1,000円/個×100個）であるが，この契約の場合，返
品権が付けられており，C社はその返品に対して全額返金しなければならない。そうする
と，最終的に何個か返品されると，この取引価格100,000円より，C社の売上は少なくな
る可能性がある。これが変動対価である。
　この契約の場合，取引価格を算定するさいに，この変動対価を見積もらなければならな
い。たとえば，C社は過去の経験から，1割程度（10個）返品されると見積もったとす
る。そうすると，取引価格100,000円は90,000円まで変動することになり，C社が製品をD
社に引き渡したときに計上すべき売上は90,000円になる。仕訳は以下のようになる。その
後，まったく返品されなかった場合は，返金負債の10,000円は売上として計上する。

　　（借方）現　　金　100,000　　　　（貸方）売　　　上　90,000
　　　　　　　　　　　　　　　　　　　　　　返金負債　10,000

解説4

（ステップ4）取引価格の履行義務への配分

取引価格が決定されると，ステップ2で識別した履行義務に，その取引価格を配分す

この契約では，契約書に記載された対価の額は12,000円であるので，これが取引価格になる。

　この取引価格が算定されると，（ステップ4）の「契約における履行義務に取引価格を配分する」ことになる。ステップ2で，この契約には二つの履行義務が識別されているため，12,000円という取引価格は，この二つの履行義務を果たすことによって得られる対価ということで，それぞれの履行義務ごとに対価を計算しなければならない。そこで，「顧客に商品Xを引き渡さなければならない義務」の対価は10,000円と計算され，「その後2年間にわたって保守サービスを行わなければならない義務」の対価は2,000円と計算されたとする。取引価格12,000円を，「顧客に商品Xを引き渡さなければならない義務」に10,000円を配分し，「その後2年間にわたって保守サービスを行わなければならない義務」に2,000円を配分することになる。

　最後の（ステップ5）の「履行義務を充足した時に（または，充足するにつれて）収益を認識する」とは，それぞれの義務を果たしたときに売上を計上するということである。「顧客に商品Xを引き渡さなければならない義務」は，当期首に顧客に商品Xを引き渡したのだから，履行義務が充足されたとして，この履行義務に配分された対価の額10,000円を当期の収益（売上）として認識することになる。

　しかし，「その後2年間にわたって保守サービスを行わなければならない義務」は，2年間にわたって保守サービスが行われるため，一時点でこの義務は果たされるのではなく，2年間にわたって，この義務は果たされていくと考える。したがって，この企業は，この履行義務を「充足するにつれて」，収益を認識することになる。つまり，この履行義務に配分された対価2,000円は，2年間にわたって収益として計上されることになる。

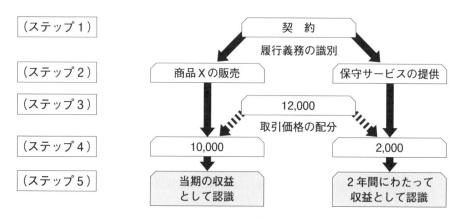

以下で，それぞれのステップについて概要を説明する。

る。ここで，重要なのは「独立販売価格」という考え方である。この独立販売価格にもとづく取引価格の配分方法について，設例を用いて説明する。

＜設例＞E社はF社（顧客）に製品甲100個と製品乙100個を合わせて130,000円で販売するという契約を締結した。製品甲は当期末，製品乙は次期にF社に引き渡される。E社は通常では，製品甲を900円/個，製品乙を600円/個で販売しているとする。

　まずこの契約において，製品甲と製品乙は別々の時期に引き渡され，E社は通常，製品甲と製品乙を別々に販売しているため，つまり，製品甲がなかったら，製品乙が使用できないということはないため，「製品甲を引き渡す履行義務」と，「製品乙を引き渡す履行義務」が識別される。

　次に，この契約における取引価格は，130,000円であり，この130,000円を二つの履行義務に配分しなければならない。通常，E社は製品甲を900円/個，製品乙を600円/個で販売している（これを「**独立販売価格**」という）ため，通常ならば，F社にそれぞれ100個を販売すれば，販売価格は150,000円になる。しかし，E社は，F社が両製品を同時に購入するということで，130,000円に値引きしたということになる。

　ステップ4では，取引価格130,000円を，製品甲を引き渡す履行義務と，製品乙を引き渡す履行義務に配分しなければならない。この配分方法は，製品甲900円/個，製品乙600円/個という独立販売価格の比率，すなわち，製品甲と製品乙の独立販売価格合計に対する製品甲（製品乙）の独立販売価格の構成比率にもとづいて，取引価格の130,000円を二つの履行義務に配分するのである。

●取引価格130,000円のうち，「製品甲を引き渡す履行義務」に配分する額

$$130,000 \times \frac{90,000}{90,000 + 60,000} = 78,000円$$

●取引価格130,000円のうち，「製品乙を引き渡す履行義務」に配分する額

$$130,000 \times \frac{60,000}{90,000 + 60,000} = 52,000円$$

　解説5

（ステップ5）履行義務の充足による収益の認識

　ステップ5は，いつ収益を認識するのかという問題である。それは，履行義務が充足された時，つまり，義務を果たした時に収益を認識するということである。**解説4の設例**を用いて説明すると，製品甲は当期末にF社に引き渡されるので，製品甲を引き渡す履行義務は当期末に果たされたということで，E社が当期に計上する売上は78,000円となる。製品乙は次期に引き渡されるので，E社は次期に52,000円の売上を計上することになる。

　そこで，いつ履行義務が充足されたのか（いつ義務が果たされたのか）ということが問題になるのであるが，それは「顧客が，その商品やサービスの支配を獲得した時」であ

3 収益認識基準による収益の認識と測定

（1）（ステップ1）顧客との契約の識別

　契約とは，法的な強制力のある権利および義務を生じさせる複数の当事者間における取決めをいう。ステップ1では，収益を認識するためには，まず，次の①〜⑤の要件のすべてを満たす顧客との契約を識別しなければならない（同基準第19項）**（解説1　[R-77]）**。

　　① 　当事者が，書面，口頭，取引慣行等により契約を承認し，それぞれの義務の履行を約束していること。

　　② 　移転される財またはサービスに関する各当事者の権利を識別できること。

　　③ 　移転される財またはサービスの支払条件を識別できること。

　　④ 　契約に経済的実質があること。

　　⑤ 　顧客に移転する財またはサービスと交換に企業が権利を得ることとなる対価を回収する可能性（顧客が支払う意思と能力）が高いこと。

（2）（ステップ2）契約における履行義務の識別

　次に，ステップ1で識別した契約について，その取引開始日に，顧客との契約において約束した財またはサービスを評価し，次のいずれかを顧客に移転する約束のそれぞれについて履行義務として識別する（同基準第32項，第34項）**（解説2　[R-77]）**。

　　① 　**別個の財またはサービス**

　　② 　一連の**別個の財またはサービス**（特性が実質的に同じであり，顧客への移転のパターンが同じである複数の財またはサービス）

　　＊**別個の財またはサービス**とは，次の要件を満たすものをいう。

　　　　①当該財またはサービスから単独で，あるいは，当該財またはサービスと顧客が容易に利用できる他の資源を組み合わせて，顧客が便益を享受することができること。

　　　　②当該財またはサービスを顧客に移転する約束が，契約に含まれる他の約束と区分して識別できること。

（3）（ステップ3）取引価格の算定

　ステップ3は収益の額の測定である。収益は取引価格にもとづいて認識する。ここでい

る。「支配の獲得」とは，顧客が購入した商品やサービスを自由に使えるようになる時点
である。つまり，顧客が購入した商品やサービスを使って，何らかの便益を得ることがで
きる状態である。

　たとえば，製造業者が卸売業者に製品を販売する契約を締結したとする。製造業者の工
場から卸売業者に製品を輸送して，卸売業者の手元に製品が到着し，注文どおりの製品か
どうかを確認（検収）して初めてその卸売業者はその製品を自由に使える（つまり，その
製品の販売価格を決定して，卸売業者の顧客に販売する）という場合は，その時点がその
製品に対する支配を獲得したということで，製造業者の履行義務充足時点になる。

　ただし，日本の収益認識基準においては，これまで実務上で，出荷基準（商品または製
品を倉庫や工場から出荷した時点で売上を計上する方法）が用いられていたこともあり，
商品または製品の国内における販売を前提として，出荷時から商品または製品の支配が顧
客に移転される時までの期間が通常の期間である場合には，出荷時に収益を計上すること
も認められている（同適用指針第98項）。

解説6

一定の期間にわたり充足される履行義務

　一定の期間にわたり充足される履行義務とはどのようなものか。設例を用いて説明しよ
う。

> ＜設例Ａ＞ビルの清掃サービスを提供するG社は，ビルを所有する顧客Hと2年間に
> わたってビルの清掃サービスを提供する契約を締結した。契約金額は2年間で240万
> 円であり，サービス開始日の20X1年4月1日に全額支払われた。清掃サービスは，
> 日常的に行われる。サービスの内容は，同業他社でも代替可能である。G社は，提供
> するビルの清掃サービスは，日常的に行われるものであり，一連のサービスであるた
> め，これを単一の履行義務として識別した。G社の決算日は年1回，3月31日である。

　この設例において，顧客はこのサービスを受け取ると同時に消費しており，このサービ
スから，自ら清掃しなくてもビルが綺麗になるという便益を享受している。したがって，
この履行義務は，（1）の要件である「企業が顧客との契約における義務を履行するにつ
れて，顧客が便益を享受すること」に該当するため，一定期間にわたり充足されるとみな
される。

う取引価格とは，財またはサービスの顧客への移転と交換に企業が権利を得ると見込む対価の額をいう（同基準第47項）。取引価格の算定には次の影響を考慮しなければならない（同基準第48項）（**解説3　[R-78]**）。

① 変動対価：約束した対価の金額に変動性がある場合，取引価格の見積を期待値または最も可能性の高い金額のいずれかにより行う。

② 重要な金融要素：契約に重要な金融要素が含まれる場合，約束した対価の額に含まれる金利相当分の影響を調整する。

③ 現金以外の対価：契約における対価が現金以外の場合，当該対価を時価により算定する。

④ 顧客に支払われる対価：顧客に対して現金，または値引きという形で，対価を支払う（支払うと予想している）場合，企業は顧客に支払うべき対価を取引価格の減額として処理する。

（4）（ステップ4）取引価格の履行義務への配分

ステップ2で識別した履行義務が複数ある場合，財またはサービスの**独立販売価格**の比率にもとづき，ステップ3で算定した取引価格をそれぞれの履行義務に配分する（同基準第66項）（**解説4　[R-78]**）。

＊**独立販売価格**とは，財またはサービスを独立して企業が顧客に販売する場合の価格をいう（基準第9項）。

（5）（ステップ5）履行義務の充足による収益の認識

企業は，約束した財またはサービスを顧客に移転することにより履行義務を充足した時に（または，充足するにつれて）収益を認識する。財またはサービスは，顧客が当該財またはサービスの**支配を獲得**した時に（または，獲得するにつれて）移転する（同基準第35項）（**解説5　[R-79]**）（**研究1　[R-83]**）。

＊**支配の獲得**とは，顧客が当該財またはサービスの使用を指図し，当該財またはサービスからの残りの便益のほとんどすべてを享受する能力を有していることをいう（基準第37項）。

一時点で支配を獲得するか，あるいは一定の期間にわたって支配を獲得するかについては，以下の要件にしたがって，判定しなければならない。

＜設例Ｂ＞建設業を営むＩ社は，20X1年度にＪ社（顧客）の所有する土地にＪ社のための商業ビルを建設する契約をＪ社と締結した。契約における請負金額は120千万円であり，工事着工時に請負金額の30％を受け取り，残額は工事完成時に受け取る。商業ビルの完成予定日は20X2年度末である。Ｉ社は契約時に，この商業ビルの工事原価を100千万円と見積もった。

　決算日の20X2年3月31日までに実際に発生した工事原価は40千万円であり，完成までに要する工事原価は60千万円であると見積もった。

　当該契約には，設計，基礎工事，建設，配管や配線も含まれるが，それらの財またはサービスを，Ｊ社の目的である商業ビルに統合する重要なサービスを提供するために，それらの財またはサービスを移転する約束は，契約に含まれる他の約束と区別して識別できないと判断して，単一の履行義務として識別した。

この設例においては，ビルが完成して初めて顧客Ｊ社は使用することができ，便益を享受することができるため，（1）の要件である「企業が顧客との契約における義務を履行するにつれて，顧客が便益を享受すること」に該当しない。しかし，顧客のＪ社が所有する土地の上にビルを建設するのであるから，建設中のビルは，未完成の段階でもＪ社が支配しているものと考えられ，（2）の要件である「企業が顧客との契約における義務を履行することにより，資産が生じる，または資産の価値が増加し，当該資産が生じる，または資産の価値が増加するにつれて，顧客が当該資産を支配すること」に該当する。さらに，当該商業ビルは別の用途に転用できない資産であり，通常の建設契約の場合，Ｊ社が建設途中で契約を解除したとしても，Ｉ社はその段階までの対価を請求することができるため，（3）の要件にも該当すると考えられる。したがって，商業ビルを建設する履行義務は，一定期間にわたり充足されるとみなされる。

解説7

進捗度の見積

　履行義務が一定の期間にわたり充足される場合，進捗度を見積り，その進捗度にもとづいて一定の期間にわたって収益を計上する。進捗度の見積には，インプット法とアウトプット法がある（同適用指針第17項，第20項）。

●**アウトプット法**は，「現在までに移転した財又はサービスと契約において約束した残りの財又はサービスとの比率」にもとづいて進捗度を見積もるが，その比率は，現在までに履行を完了した部分の調査，達成した成果の評価，達成したマイルストーン，経過期間，生産単位数，引渡単位数などの指標を用いる。

●**インプット法**は，「履行義務の充足に使用されたインプットが契約における取引開始日から履行義務を完全に充足するまでに予想されるインプット合計に占める割合」にもとづいて進捗度を見積もるが，その割合は，消費した資源，発生した労働時間，発生したコス

①一定の期間にわたり充足される履行義務

　次の（1）から（3）の要件のいずれかを満たす場合，資産に対する支配を顧客に一定の期間にわたり移転することにより履行義務を充足するとみなし，履行義務が充足されるにつれて収益を認識する（同基準第38項）**(解説6 [R-80])**。

（1）　企業が顧客との契約における義務を履行するにつれて，顧客が便益を享受すること。

（2）　企業が顧客との契約における義務を履行することにより，資産が生じる，または資産の価値が増加し，当該資産が生じる，または資産の価値が増加するつれて，顧客が当該資産を支配すること。

（3）　次の要件のいずれも満たすこと。

　　①　企業が顧客との契約における義務を履行することにより，別の用途に転用することができない資産が生じること。

　　②　企業が顧客との契約における義務の履行を完了した部分について，対価を収受する強制力のある権利を有していること。

　一定の期間にわたり充足される履行義務については，履行義務の充足に係る**進捗度**を見積もり，その進捗度にもとづいて，収益を一定の期間にわたり認識する（同基準第41項・同適用指針第17項，第20項）**(解説7 [R-81])**。

　　　＊**進捗度の見積**：進捗度の見積には，インプット法とアウトプット法がある。

　　　アウトプット法：現在までに移転した財またはサービスの顧客にとっての価値を直接的に見積もるものであり，現在までに移転した財またはサービスと，契約において約束した残りの財またはサービスとの比率にもとづき，収益を認識する方法。

　　　インプット法：履行義務の充足に使用されたインプットが契約における取引開始日から履行義務を完全に充足するまでに予想されるインプット合計に占める割合にもとづき，収益を認識する方法。

②一時点で充足される履行義務

　上記の一定の期間にわたり充足される履行義務ではない場合には，一時点で充足される履行義務として，資産に対する支配を顧客に移転することにより当該履行義務が充足されるときに，収益を認識する。支配の移転を検討するさいには，次の指標を考慮する（同基準第39項，第40項）。

（1）　企業が顧客に提供した資産に関する対価を収受する現在の権利を有していること。

ト，経過期間，機械使用時間などの指標を用いる。

　ここで，**解説6**の設例を用いて，計算例を説明しよう。

＜**設例A**＞G社は2年間，清掃サービスを提供することにより，240万円の対価を得る。そこで，20X2年3月31日に計上すべき収益の額はいくらになるのか。

　この場合，このサービスの顧客にとっての価値は2年間で240万円であり，決算日までに移転したサービスは1年／2年であることが明確であるため，アウトプット法を用いるのが適切であると考えられる。したがって，進捗度は1年／2年であり，240万×0.5＝120万円が収益の額になる。

　G社の仕訳を示せば，以下のようになる。

　　　20X1年4月1日（対価の受取）
　　　　（借方）現金預金　240万　　　　　（貸方）契約負債　240万
　　　20X2年3月31日（決算日）
　　　　（借方）契約負債　120万　　　　　（貸方）売　　上　120万
　　　20X3年3月31日（決算日）
　　　　（借方）契約負債　120万　　　　　（貸方）売　　上　120万

＜**設例B**＞I社は2年で商業ビルを建設することにより，120千万円の対価を得る。そこで，20X2年3月31日に計上すべき収益の額はいくらになるのか。

　決算日においては，工事は進行中であり，この時点までに移転した財またはサービスの顧客にとっての価値を直接的に見積もることはできない。そこでインプット法を用いて，進捗度を見積もる。決算日までに当該履行義務の充足に使用されたインプット（工事原価）は40千万円で，履行義務を完全に充足するのに予想されるインプットの合計（総工事原価）は，100千万円（実際発生原価40千万円＋完成までに要する見積工事原価60千万円）であるので，進捗度は40千万円／100千万円となる。したがって，120千万円×0.4＝48千万が収益の額となる。

　I社の仕訳を示せば，以下のようになる。

　　　20X1年度（着手金の受取）
　　　　（借方）現金預金　36千万　　　　　（貸方）契約負債　36千万
　　　　　＊請負金額120千万円の30％
　　　20X1年度（実際に発生した工事原価の計上）
　　　　（借方）未成工事支出金　40千万　　　（貸方）現金預金　40千万
　　　20X1年度（決算時の処理）
　　　　（借方）契約負債　36千万　　　　　（貸方）工事収益　48千万
　　　　　　　　契約資産　12千万
　　　　（借方）工事原価　40千万　　　　　（貸方）未成工事支出金　40千万

　　　20X2年度（実際に発生した工事原価の計上）
　　　　（借方）未成工事支出金　60千万　　　（貸方）現金預金　60千万
　　　　＊見積工事原価と実際発生原価が同額になったとする

（2） 顧客が資産に対する法的所有権を有していること。

（3） 企業が資産の物理的占有を移転したこと。

（4） 顧客が資産の所有に伴う重大なリスクを負い，経済価値を享受していること。

（5） 顧客が資産を検収したこと。

20X2年度（決算時の処理および請負代金残額の受取）

　　　（借方）契約資産　72千万　　　　　（貸方）工事収益　72千万

　　＊総工事収益（請負金額）120千万円－20X1年度工事収益計上額48千万円

　　　（借方）工事原価　60千万　　　　　（貸方）未成工事支出金　60千万

　　　（借方）現金預金　84千万　　　　　（貸方）契約資産　84千万

研究1

収益認識基準の論理

　収益認識基準では，五つのステップで収益を認識する。ステップ1で契約を識別し，ステップ2でその契約のなかにいくつの履行義務があるかを識別する。ステップ3では，その契約の取引価格を決定し，ステップ4では，その取引価格をステップ2で識別した履行義務に配分する。最後のステップ5で，履行義務が充足された時（もしくは，充足されるにつれて），収益を認識するというものである。つまり，履行義務の充足という負債の減少によって収益を認識するのである。

　実現主義の原則では，「（借方）資産の増加／（貸方）収益の発生」であったが，収益認識基準では，「（借方）負債の減少／（貸方）収益の発生」として，収益の認識を論理化する方式を転換させたのである。

　現代の会計においては，「投資家等への意思決定に有用な情報を提供する」という会計目的を強調することによって，減損会計や資産除去債務会計など，新しい会計基準が論理化されている。これらは，その会計目的から，資産は「経済的資源（キャッシュの獲得に貢献する便益の源泉）」，負債は「その放棄もしくは引き渡す義務」として定義され，その概念が将来の方向に拡大されたことによって論理化されるものである。

　減損会計は将来，資産が帳簿価額どおりのキャッシュ・フローをもたらさないとわかった時点で，損失を計上するというものである。つまり，資産の将来のキャッシュ・フローの減少という論理によって損失を早期に計上するものである。資産除去債務会計は，将来に資産を除去する費用を，現在の負債として計上するとともに，その資産を使用している期間にわたって費用計上するというものである。つまり，将来の資産の減少や負債の増加という論理で，将来の費用・損失が早期に認識されるのである。

　それに対して収益認識基準は，現在の取引価格にもとづいて，履行義務という負債を計上し，その負債の減少によって収益を認識するものであって，資産の増加による将来の収益を認識するものではない。つまり，現代の会計の論理（概念フレームワークの論理）は，将来の費用・損失を早期に計上することに機能させ，将来の収益を認識することには機能させないという特徴をもっている。

第13章　費用の認識と測定

1　費用の認識・測定基準

（1）「企業会計原則」における期間損益の計算方法

　「企業会計原則」における利益計算は第2章で説明したように，費用収益対応の原則にしたがい，毎期の実現収益の金額から，その収益に負担させることが妥当であるとみなされた発生費用の金額を差し引くことによって行われる（**研究1　[R-84]**）。

　収益は取引で使用された金額（取引価格）のうち，実現した部分の金額で計上される。なお，第12章で説明した収益認識基準においては，履行義務が充足された時に収益を認識することから，充足された履行義務に配分された取引価格をもって実現収益とみなされる。

　それに対して費用は，基本的には，取引価格のうち，その期間の実現収益に負担させるべきであるとみなされた部分の金額で計上される（第9章で説明した引当金のように，取引価格のないものもある）。それゆえ，収益と同様に，費用も取引価格（支出）にもとづいて計上されるということができる。

　費用収益対応の原則とは，そのような実現収益と発生費用とを対応させて利益を計算することを要求するものである。

（2）「企業会計原則」における費用の認識・測定基準

　上述の「企業会計原則」における利益計算構造を費用の面から見た場合，期間損益計算を行う上でまず検討すべき重要な問題は，①いつ費用が発生したとみなすのか（費用の認識の問題），および②その発生費用の金額をいくらであるとみなすのか（費用の測定の問題），という二つとなる。

研究 1

発生主義会計にもとづく期間損益計算

　これまで説明してきたように，「企業会計原則」（損益計算書原則一のA）は費用と収益について次のように規定し，利益計算が単なる現金の収支計算ではないことを明確に述べている。

　　　　「すべての費用及び収益は，その支出及び収入に基づいて計上し，その発生した期間に正しく割当てられるように処理しなければならない。」

　それでは，収入と支出の差額として利益を計算する方法と，「企業会計原則」が規定している利益計算方法とは，いかなる点で異なるのであろうか。

　収入と支出の差額を利益であるとみなす考え方を，現金主義会計という。この現金主義会計においては，基本的に，収益とは収入であり，費用とは支出である（ただし，現金の貸し借りなどにともなって生じる収入や支出などの期間損益計算とは無関係であるとみなされる項目は，利益計算から除外される）。

　「企業会計原則」は収益と費用を収入と支出であるとは解釈しない。「企業会計原則」における収益と費用はともに取引価格にもとづいて計上されるのであり，収入金額や支出金額で計上されるのではない。「企業会計原則」における利益計算は費用収益対応の原則にしたがい，毎期の実現収益の金額から，その収益に負担させることが妥当であるとみなされた発生費用の金額を差し引くことによって行われる。

　たとえば，商品を掛けで仕入れてすぐに掛け売りした場合を考えてみよう。この場合，仕入れた商品の代金（取引価格）はまだ支払われていないし，販売した商品の代金（取引価格）もまだ受け取っていない。しかし，「企業会計原則」においては，掛けで販売した商品の取引価格分の収益と，掛けで仕入れた商品の取引価格分の費用が認識されることになる。

　このように，「企業会計原則」における利益金額は，収入と支出の差額として計算されるのではなく，収入・支出にもとづく収益と費用の差額として計算される。換言すれば，「企業会計原則」は当期の実現収益から，その収益に負担させる発生費用を控除する（費用と収益を対応させる）方式によって利益を計算する。このような実現収益と発生費用との差額を利益であるとみなす考え方を発生主義会計という。

それでは，費用はいつ発生したとみなされるのであろうか。まず，費用認識の問題をみていこう。

「企業会計原則」において，費用はその代金を支払った時点ではなく，財貨または用役を収益の獲得のために費消したとみなされた時点で計上（認識）される。このような費用の認識に対する基準を発生主義（または発生主義の原則）という（**解説1 [R-85]**）。

次に，認識される費用の金額の決定方法についてみていこう。基本的に費用は取引価格にもとづいて計上される。しかし，それはすでに支出した金額で費用を認識するということではない。「企業会計原則」における費用の測定においては，財貨や用役の代金（取引価格）をすでに支払ったかどうかは重要ではない。重要なのは，取引価格のうち，当期に費消した財貨や用役（すなわち，当期の発生費用）の金額がいくらなのかということである。それゆえ，掛けで商品を仕入れた場合のように，たとえ取引価格の全額がまだ支払われていなくとも，発生したとみなされる費用は取引価格にもとづいて計上される（**解説2 [R-85]**）。

このような発生主義にもとづく費用の認識・測定が財貨または用役の費消の形態（タイミング）に応じてどのようにして行われるのかをみていこう。

2　財貨または用役の費消と費用の計上

電気，水道，労働力などの用役（役務）は，基本的に用役を取得したさいにすぐに費消される[(L1)]。それゆえ，これらの用役はその用役を取得した会計期間に，契約価格などの取引価格を用いて費用に計上する。こうして認識される費用の例には，水道光熱費，賃金，給料，支払家賃，支払利息，支払運賃，保険料，および支払手数料などがある。ここではそのような費用の例として，給料と支払手数料をみていこう。

（1）給　　料
企業が従業員を雇用した場合，その企業は従業員から労働力という用役を取得して，収益の獲得のために費消した（費用が発生した）とみなされる。この従業員から得た用役の費消にともなって認識される費用項目が給料である。給料はその支払日がいつであろうと従業員が勤務した期間に費用として認識され，その従業員に対して企業が支払うことを約束した金額（取引価格）で損益計算書に計上される。

解説1

発生主義にもとづく費用の認識

　費用は，「財貨または用役（役務ともいう）を，経営目的のために費消し，あるいは用役を外部に提供する行為を[R1]」行ったときに発生したとみなされる。

　たとえば，運送サービスや保険サービスのような用役の場合においては，その用役を受けとって費消したときに費用が発生したとみなされる[R2]。また，建物や機械などの長期間使用する資産の場合においては，その資産を収益の獲得のために（経営目的のために）使用したときに，その使用分（費消した部分）に対して費用が発生したとみなされる。

解説2

取引価格にもとづく費用の測定

　発生主義の考え方にもとづけば，たとえば運送や保険のような用役はその用役を費消した時点において費用が発生したとみなされる。この場合，たとえ費用の発生時に代金の全額が支払われていなくとも，取引価格のうち，費用が発生したとみなされた部分が費用として計上される。

　また，建物などの長期間使用する資産を購入した場合，その資産の購入代金（取引価格）の全額がすでに支払われている場合がある。しかし，その支出額がそのまま費用の金額となるのではない。この場合，当期の費用として計上される金額は，たとえその資産の購入代金の全額が支払われているとしても，取引価格のうち，費用が発生したとみなされた部分だけである。

設例1

A社は従業員に対して給料20万円を現金で支払った。

　　（借方）給　　　料　　200,000　　　　（貸方）現　　　金　　200,000

（2）支払手数料

　企業が他の企業などに何らかの依頼を行い，その代金として手数料を支払う場合がある。その場合，その企業は依頼を遂行してもらうという用役を受け取り，その用役を収益の獲得のために費消したとみなされる。この用役の費消にともなって計上される費用が支払手数料である。上述の給料と同様に，支払手数料も，その支払日がいつであろうと用役を費消した期間に認識され，その契約において約束した金額（取引価格）で損益計算書に計上される。

設例2

B社はC社から仲介サービスの提供を受けた。手数料5万円は次期に支払うこととした。

　　（借方）支払手数料　　50,000　　　　（貸方）未　払　金　　50,000

3　継続的役務購入契約における費用の計上

　土地や建物を借り受けている場合のように，企業が一定の契約に従い，継続して役務（用役）の提供を受けている場合がある。

　「企業会計原則」はこれらの契約にもとづく継続的な役務の購入に関して，用役の費消と費用の計上をどのように解釈し，収益と費用をいかにして対応させるべきかを次のように規定している。

（1）費用の見越計上

　決算日までに継続して役務の提供を受けているが，その対価（取引価格）の支払期日がまだ到来していない場合，その役務に対する法的な支払義務はまだ生じていない。しかし，たとえば，営業用の店舗を借りている場合などにおいては，たとえ賃借料の支払日が

研究2

「企業会計原則」における対応と配分の重要性

　費用に限っていえば，現金主義会計と発生主義会計とを比較した場合，計上される費用の項目と金額は明確に異なる。

　現金主義会計の場合は，基本的に，支出した金額が支出した会計期間の費用として計上されることになる。

　それに対して発生主義会計においては，たとえば，建物の取得原価（支出金額＝取引価格）がその取得時の期間に全額，費用として計上されるとは限らない。なぜなら，建物の取得原価のなかから実現収益に対応させるべき当期の発生費用が選び出されるからである。発生主義会計をとる「企業会計原則」では，このような費用収益の対応概念や費用配分の概念が適正な期間損益計算を行ううえで不可欠のものであると考えられている。

　たとえば，「企業会計原則」の形成に大きな影響を及ぼした黒澤清教授によれば，現金主義会計は，近代企業の会計としては不適当で不合理な方法であるという。教授は「現金主義会計を採用するときは，固定資産を使用する各会計期間の費用配分の関係をゆがめ，利益を過大表示し，または過小表示するというごとき不合理な結果を生ずる[R3]」と指摘され，発生主義会計にもとづく利益計算方法（すなわち，費用配分や費用収益対応の概念を用いた利益計算方法）を用いれば，現金主義会計が内包している問題を克服できると主張しておられる[R4]。

　このように対応概念や配分の概念を強調することは，「企業会計原則」における利益計算の妥当性を支えることと密接に関係していると考える。

到来していなくとも，当期の収益の獲得のために用役を費消しているのであるから，費用が発生しているとみなされる。「企業会計原則」は決算日までに費消したとみなされる部分の金額を契約上の取引価格にもとづいて算出し，その金額を当期の発生費用として計上することによって，当期の収益に負担（対応）させることを要求している。この費用の計上にともなって計上される貸方項目が未払費用（負債）である。未払費用については，「第7章流動負債」において説明されている。

（2）費用の繰延計上

　保険料のように，継続して役務の提供を受ける目的で，その対価（取引価格）を前払いすることがある。その前払い分は，通常，代金の支払い時に当期の発生費用として処理される。

　しかし，いったん当期の発生費用として処理された項目であっても，その用役の当期費消分は決算日までに用役を費消した部分である。「企業会計原則」は決算日においてまだ費消していない部分（保険料の場合は決算日以降の期間に対する保険料部分）は当期の発生費用ではないとして，その部分の金額を当期の収益に対応させる費用から除外することを要求している。その費用の除外処理にともなって計上される借方項目が，前払費用（資産）である。前払費用については，「第4章流動資産」において説明されている。

4　費用配分の原則と費用の計上

　上述の項目はそれを取得したさいにすぐに費消するとみなされる項目であった。しかし，企業が取引する項目は，用役のように取得と費消が同時に生じる項目ばかりではない。たとえば，棚卸資産（商品や材料など）や固定資産（建物，機械，法律上の権利など）などの財貨に関する取引では，それらの財貨を取得した会計期間とそれらの財貨を費消する会計期間が異なる場合がある。

　しかし，これらの財貨に関しても，発生主義にもとづいて費用を認識し，その費用を取引価格にもとづいて測定することにかわりはない。すなわち，取引価格のうち，当期の収益の獲得に貢献させるために費消した部分を当期の発生費用として選び出し，残りの部分（当期の発生費用であるとみなされなかった部分）を資産として次期に繰り越していくという会計処理がとられる。

　このように収益と費用を対応させるために，取引価格を①その会計期間の発生費用とみ

解説3

費用配分と残留原価

　これまで説明してきたように，財貨の取得原価（取引価格）は利益計算において，当期の実現収益に対応させる発生費用部分と，次期以降の収益に対応させるために次期に繰り越される資産部分とに区分される。

　このような費用配分の考え方を，簡単な設例で考えてみよう。今，ある企業が期首に商品10個＠100円を掛けで購入し，当期中に6個（売価＠120円）を掛けで販売したとする。その企業の当期の発生費用（売上原価）は次のように算定される。

　まず，当期の実現収益である売上高（720円）が確定される。次に，その実現収益を獲得するために貢献した（費消した）財貨の金額が算定される。この場合，販売のために使用した財貨は商品6個分（600円分）である。この600円が当期の収益の獲得のために費消した部分，すなわち当期の発生費用であるとみなされる。

　したがって，商品の取得原価のうち600円が当期の費用として配分され，残り400円が次期以降の収益に対応させるために貸借対照表に商品として計上される。この貸借対照表に計上される部分は，取得原価（取引価格）のうち，まだ費用として配分されていない残りの原価という意味で，残留原価や未費消原価と呼ばれる。

　この費用配分の手続きおよび費用収益対応の関係を図で示せば，次のようになる。

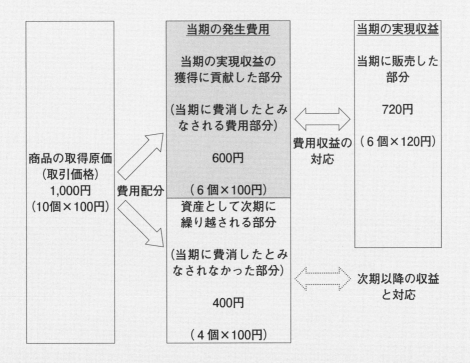

なす部分と②その他の部分（資産として次期に繰り越していく部分）との二つに区分していくことを要求する基準を費用配分の原則という（**研究2［R-86］**）。取引価格のうち資産として繰り越された部分は、それが費消された会計期間において費用となる（すなわち、その会計期間の収益と対応させられる）。

こうして認識される費用の例には、売上原価や減価償却費などがある。次に、それらの費用が当期の費用として選択される（配分される）方法をみていこう。

（1）売上原価の計算

企業が販売用の商品を購入した場合、その購入時の支出額がそのままその会計期間の費用となるわけではない。また、商品の購入取引で用いられた金額（取引価格）がそのままその会計期間の費用となるわけでもない。

商品の購入取引で用いられた金額（取引価格）のうち、当期の実現収益の獲得に貢献した部分に相当する金額（具体的には販売した商品の取得原価部分）だけが、当期に費消された部分（発生費用）である。

このように、商品の取得原価（取引価格）が、当期に費消した部分（発生費用）と、まだ費消していない部分とに、明確に区別される。会計上、この費消部分が売上原価としてその取得原価で計上され、まだ費消していない部分は貸借対照表に商品（資産）としてその取得原価で計上される（**解説3［R-87］**）。

なお、売上原価の計算方法（商品原価の費用配分方法）については、「第4章流動資産」で詳述されている。

（2）減価償却費の計算

建物や備品などを購入した場合も、売上原価の計算の場合と同様に、建物などの購入取引で用いられた金額（取引価格）のうち、当期の実現収益の獲得に貢献した部分だけが、当期に費消された部分（発生費用）である。

建物などの取得原価（取引価格）のなかから当期の費消分を選び出す計算を、減価償却費の計算という（減価償却費については「第5章固定資産」で詳述されている）。

会計上、建物などの取引価格のうち、当期の発生費用である部分を損益計算書に減価償却費として計上し、まだ費消していない部分は貸借対照表に建物や備品として計上する（建物などの取得原価とこれまでの減価償却費の累計額を貸借対照表上であわせて示して、間接的に取得原価のうちいまだ費消していない金額を示す方法もある）。

このように，費用配分の手続きは財貨の取得原価を当期の発生費用と資産とに区分する会計処理であり，財貨そのものを価値評価する手続きではない。それゆえ，貸借対照表上の資産の金額は財産的価値を表すものではない。その金額は，費用配分の手続きにしたがい，取引価格をもとに算定された計算上の金額（残留原価）として位置づけられている。

研究3

「企業会計原則」における費用拡大の論理

加藤盛弘教授は，費用収益の対応概念や費用配分の概念を重視する近代会計理論の利益計算の枠組みが，期間費用の拡大に積極的に機能してきたと指摘しておられる[R5]。少し長くなるが，加藤教授の分析に即してその点を検討していこう。

これまで述べてきたように，「企業会計原則」においては，費用配分の概念を用いて，取引価格を当期の発生費用と資産として繰り越される残留原価とに区別する。資産の観点から見た場合，その区分作業は，その資産そのものの価値評価の作業ではなく，取引価格のうち，いまだ費用として配分されていないものを確定する作業である。したがって，費用収益の対応や費用配分の概念を強調することは，資産金額から財産的価値としての意味を除外し，資産金額を単なる計算上の金額（残留原価）として位置づけることにつながる。その結果，取引価格を当期に費消された部分（当期の発生費用）と，未費消原価分（資産）とに区別する配分方法に一定の合理性があるならば，残留原価である資産の金額も適正な金額であるとみなされることになる[R6]。

ところで，「企業会計原則」においては，同一の取引に対して，当期の費用と残留原価を区別するための会計処理方法が多数認められている。しかも，いずれの方法を採用するかによって，費用額が異なる。加藤教授はその点について，次のように指摘しておられる。

「ところが費用化方式には絶対的なものはない。例えば，減価償却法に定額法，定率法，生産高比例法があるがごとくである。その結果，いずれの方式による期間費用も妥当であり，その結果得られるいずれの資産金額も妥当であることになる。このことは，期間の費用（減価償却費）計上を急速に行うことに機能し，またその結果生ずる資産金額の縮小化を論理化することになる[R7]。」

したがって，発生主義会計をとる「企業会計原則」は，費用収益の対応や費用配分の概念を強調することによって，弾力的な費用配分手続きの運用を通じた費用の早期・拡大計上の理論的正当性を支えていると考える。

さらに，「企業会計原則」においては，費用収益対応の原則を基本的な根拠として，まだ取引が実際に起こってない取引に対する費用，すなわち，いまだ取引価格のない項目（各種の引当金項目）に対する費用計上を認めている[R8]（このことについては「第9章引当金」において詳しく述べている）。

このように，「企業会計原則」は費用計上の弾力的運用，およびいまだ支出されていない項目の費用計上を認めている。そのような「企業会計原則」上の費用会計処理の妥当性

　このように，減価償却費の計算は建物などの価値を計算するためのものではなく，建物などの取得原価を各期の費用として配分し，各期の実現収益と発生費用とを対応させるための会計処理である。

5　費用収益の対応と引当金関連費用の計上

　これまで検討してきた項目は，すべて実現収益から発生費用を控除して利益を計算するために，財貨や用役の取引価格から実現収益に対応させる発生費用を選び出す手続きであった。すなわち，すでに存在する取引価格にもとづいて計上される費用項目であった。

　「企業会計原則」はこれらの項目に加えて，次期以降の将来の期間にある取引が発生するという予想にもとづき，見積額によって（すなわち，取引価格にもとづかずに）費用を計上することを認めている。その費用項目が，引当金に関する費用である。

　この引当金処理は基本的には，費用収益対応の原則にしたがい，たとえ取引価格がなくとも，当期の実現収益に対応させることがふさわしい費用項目を当期の利益計算に含めるために行われる会計処理である。引当金については「第9章引当金」で詳述されている（**研究3**　[*R-88*]）。

注
(L1) 黒澤清『財務諸表論』（増補改訂版）中央経済社，1990年，186頁。

を支えているものが，費用収益の対応，発生主義，費用配分などの概念であるといえよう。

注

(R1)　黒澤清『財務諸表論』（増補改訂版）中央経済社，1990年，184頁。
(R2)　同書，185—186頁。
(R3)　同書，182—183頁。
(R4)　同書，180—184頁。
(R5)　加藤盛弘『現代の会計学』（第3版）森山書店，2002年，157—158頁。
(R6)　同書，158頁。
(R7)　同書，159頁。
(R8)　同書，159頁。

Ⅵ　キャッシュ・フロー会計

キャッシュ・フロー計算書

期首 キャッシュ残高	当期 キャッシュ の減少
当期 キャッシュ の増加	期末 キャッシュ残高

キャッシュ・フロー計算の会計上の意味

1 キャッシュ・フロー計算の会計上の意味

　キャッシュ・フロー会計でいうキャッシュ・フローとは，キャッシュという概念のもとにくくられる資金（現金および現金同等物）のフローであり，それはキャッシュの実際に生じた流入と流出である。そのため，ここでいうキャッシュ・フローには，将来のキャッシュ・フローや損益会計における現在価値に割引されたキャッシュ・フローなどは含まれない。企業の一会計期間において実際に生じたキャッシュの動きを示すもので，そこには判断の余地のない，いわば「かたい数値」が示される。

　キャッシュ・フロー計算は，これまでの13の諸章で説明された貸借対照表および損益計算書によって示される財政状態と費用・収益の状態を計算するシステムとは異なり，実際になされたキャッシュの流れと有り高を計算するシステムである。したがって，それはまた，現金の増減をもって損益（経営活動の成果）としてとらえる現金主義会計でもない。

　キャッシュ・フロー計算は，次のような算式によってなされる。

$$キャッシュの収入 - キャッシュの支出 = キャッシュの増減額$$

　このキャッシュ・フロー計算は，具体的には下記のようなキャッシュ・フロー計算書の様式によってなされる。この様式は，日本では1998年に制度化された（**解説1 [R-90]**）。

解説1

キャッシュ・フロー計算書の様式例（間接法）

Ⅰ	営業活動によるキャッシュ・フロー	
	税金等調整前当期純利益	4,000
	減価償却費	600
	有形固定資産除去損	30
	貸倒引当金の増加額	50
	退職給付引当金の増加額	40
	受取利息及び受取配当金	−600
	支払利息	500
	売上債権の増加額	−800
	たな卸資産の減少額	780
	仕入債務の減少額	−300
	小計	4,300
	利息及び配当金の受取額	550
	利息の支払額	−470
	法人税等の支払額	−2,000
	営業活動によるキャッシュ・フロー	2,380
Ⅱ	投資活動によるキャッシュ・フロー	
	定期預金の預入による支出	−300
	定期預金の払戻による収入	200
	有価証券の取得による支出	−500
	有形固定資産の取得による支出	−1,200
	投資活動によるキャッシュ・フロー	−1,800
Ⅲ	財務活動によるキャッシュ・フロー	
	短期借入金の純増価額	20
	長期借入による収入	600
	長期借入金の返済による支出	−300
	社債の発行による収入	800
	株式の発行による収入	300
	配当金の支払額	−1,000
	財務活動によるキャッシュ・フロー	420
Ⅳ	現金及び現金同等物に係る換算差額	30
Ⅴ	現金及び現金同等物の増加額	1,030
Ⅵ	現金及び現金同等物の期首残高	1,500
Ⅶ	現金及び現金同等物の期末残高	2,530

キャッシュ・フロー計算書

Ⅰ	営業活動によるキャッシュ・フロー	xxx	
Ⅱ	投資活動によるキャッシュ・フロー	xxx	
Ⅲ	財務活動によるキャッシュ・フロー	xxx	
Ⅳ	現金及び現金同等物に係る換算差額	xxx	
Ⅴ	現金及び現金同等物の増加額（減少額）	xxx	◄─Ⅰ＋Ⅱ＋Ⅲ＋Ⅳ
Ⅵ	現金及び現金同等物の期首残高	xxx	
Ⅶ	現金及び現金同等物の期末残高	xxx	◄─Ⅴ＋Ⅵ

　このようにキャッシュ・フロー計算は，一つには，企業の経営活動の成果と状況を，損益とは別の側面から，すなわちキャッシュの流れと有り高の側面から計算・表示するという会計上の意味をもつ。それは損益数値では直接的には表示しにくい経営活動の重要な側面（支払能力）を示すものである。いわば，損益会計に対して与えられる「勘定合って銭足らず」といった批判を補う側面をもつものである。

　キャッシュ・フロー計算の第二の会計上の意味は，その会計制度上の意味にあると考える。

　損益会計においては，財務諸表の諸要素（資産，負債，資本，収益，費用）の算定において，多くの前提と判断とが存在する。たとえば，減価償却費や売上原価の算定，引当金の計算における判断はその例である。そのうえ近年では，退職給付会計や資産除去債務会計などにもみられるように，将来要素とそれにともなう判断要素がますます増大している。そこでの会計数値は判断要素をともなう，いわば，「やわらかい数値」（動かしうる数値）になっている。それに対してキャッシュ・フロー会計上の数値は，判断要素の入らない「かたい数値」である。

　会計制度全体としては，損益会計上の（すなわち，貸借対照表上の）現金とキャッシュ・フロー計算書の現金残高を関連づけることによって，キャッシュ・フロー会計が，判断要素を多く抱えた「やわらかい数値」からなる損益会計を支えるアンカー（錨）としての役割を果たすと見ることができる（**研究1［R–91］**）。

2　キャッシュ・フロー計算書とは

　キャッシュ・フロー計算書は，アメリカにおいては，19世紀後半より，実務上外部への財務情報として開示され[L1]，1970年代からアメリカ証券取引委員会（SEC）に提出すべき財務諸表に含められてきた。日本においては，1998年に連結財務諸表の一つとして制度化

研究 1

キャッシュ・フロー計算書を財務諸表の一つとして位置づけることの意味

　日本では，1998年よりキャッシュ・フロー計算書を財務諸表の一つに位置づけている
が，その理由については明示されていない。文面上は，「国際的にもキャッシュ・フロー
計算書は財務諸表の一つとして位置付けられている[R1]」と記載されているのみである。
そこで，キャッシュ・フロー計算書の制度化のさきがけであり，国際会計基準（IAS）や
日本をはじめ世界諸国の会計基準に多大な影響を与えたアメリカ財務会計基準審議会
（FASB）の考え方を見てみよう。
　FASBは財務会計概念ステイトメント第5号において，キャッシュ・フロー計算書につ
いて以下のように記している。
　「キャッシュ・フロー計算書は，営業活動を通じて債務の弁済を行い，配当金の支払を
　行い，または営業能力の維持もしくは拡大を図るために再投資を行う企業のキャッシュ
　（訳書は現金）創出活動に関する有用な情報，借入および拠出の両者による企業の資金
　調達活動に関する有用な情報ならびに企業の現金投資および支出に関する有用な情報を
　提供する。[R2]」
　また，概念ステイトメント第5号は，キャッシュ・フロー計算書の特性について，以下
の見解を示している。
　キャッシュ・フロー計算書は，発生主義会計によって測定される会計利益とキャッシ
ュ・フローとの間の金額，原因ならびに時間的なズレに関する重要な情報を提供する[R3]。
　キャッシュ・フロー計算書は，すべてのキャッシュの収支がその発生時に認識されるた
めに，認識問題とはほとんど無関係であり，キャッシュ・フロー計算書における「分類」
に関するものを除き，見積や判断が介入する余地がないとしている[R4]。
　このように，キャッシュ・フロー計算書で示される情報は，損益計算書や貸借対照表か
らは得られないものであり，これは企業の将来キャッシュ・フローの評価，具体的には企
業の流動性，財務的弾力性，収益性およびリスクのような諸要因の事前評価に役立つもの
だとしている[R5]。すなわち，発生主義会計によって測定される会計情報を，実際のキャ
ッシュ・フローの観点から補完しようとするのが，キャッシュ・フロー計算書の役割であ
る。そこにキャッシュ・フロー計算書が財務諸表の一つとして位置づけられる意味があ
る。
　さらに近年では，予測を伴う公正価値が会計数値としてより一層多く取り入れられるこ
ととなったため，利益とキャッシュ・フローのズレが以前にもまして拡大している。しか
も，その予測数値の測定に，検証不能なものも多く取り入れることとなるので，利益の信
頼性の低下を招いていると思われる。そこで利益とキャッシュ・フロー情報を関連付ける
ことで，利益の信頼性を高めようという役割をキャッシュ・フロー計算書が担っているも
のと思われる。すなわち，キャッシュ・フロー計算書は，財務諸表のアンカー（錨）的役
割を果たすものであると考える。

され，連結会計において第三の財務諸表として位置づけられるようになった。

　1998年設定の「連結キャッシュ・フロー計算書等の作成基準」は，キャッシュ・フローを基本的には「営業活動」，「投資活動」，および「財務活動」の三つに区分して表示することを要求している。それは企業のキャッシュの動き（増減）が，企業のどのような活動から生じているかについて示すものである。

　また同作成基準は，キャッシュ・フロー計算書におけるキャッシュの範囲を現金および現金同等物と定めている。

　現金は，手許現金と要求払預金からなる。

　現金同等物は，容易に換金可能であり，かつ，価値の変動について僅かなリスクしか負わない短期投資をいう。

区　分		その区分に含まれる項目の例
現金	手許現金	硬貨および紙幣（外貨を含む），他人振出小切手，配当金領収証など
	要求払預金	当座預金，普通預金，通知預金など
現金同等物		取得日から満期日または償還日までの期間が3か月以内の短期投資である定期預金，譲渡性預金，コマーシャル・ペーパー，売戻し条件付現先，公社債投資信託など

　つまり，キャッシュ・フロー計算書は，キャッシュとして概念づけられるものの流入・流出を，企業活動の三つの主要な源泉に分けて表示するものである。

注
(L1) 染谷恭次郎『キャッシュ・フロー会計論』中央経済社，1999年，74頁。

注

(R1)「連結キャッシュ・フロー計算書等の作成基準の設定に関する意見書」二。

(R2) FASB, Statement of Financial Accounting Concepts No. 5, *Recognition and Measurement in Financial Statements of Business Enterprises*, December 1984, par. 52.（平松一夫・広瀬義州訳『FASB財務会計の諸概念（改訳新版）』中央経済社，1996年，235—236頁。）

(R3) *Ibid.*, par. 53.（同訳書，236頁。）

(R4) *Ibid.*, par. 54.（同訳書，236頁。）

(R5) *Ibid.*, par. 52.（同訳書，236頁。）

第14章　キャッシュ・フロー計算書

「連結キャッシュ・フロー計算書等の作成基準」および「連結財務諸表等におけるキャッシュ・フロー計算書の作成に関する実務指針」に従って，キャッシュ・フロー計算書の内容と作成方法について，さきに示したキャッシュ・フロー計算書の様式にある構成要素ごとに，設例を交えて説明しよう。

1　営業活動によるキャッシュ・フロー

（1）営業活動によるキャッシュ・フローとは

「連結キャッシュ・フロー計算書等の作成基準」は，「営業活動によるキャッシュ・フロー」の区分において，営業損益計算の対象となった取引と，投資活動および財務活動以外の取引によるキャッシュ・フローの記載を要求している。

営業損益計算の対象となった取引とは，企業の主たる営業活動から生ずるキャッシュ・フローのことである。

投資活動および財務活動以外の取引とは，企業の活動取引ではあるが，投資活動および財務活動のいずれの区分にも記載されないと判断された取引のことである。この取引は，営業活動区分に記載される。

（2）営業活動によるキャッシュ・フローの分類

上述のように，「営業活動によるキャッシュ・フロー」の区分は，営業損益計算の対象となった取引（主たる営業活動取引）と投資活動および財務活動以外の取引（その他の活動取引）からなる。それを分類すると，下記のようになる。

| 補足1 |

直接法および間接法の適用状況

日本の実務において，キャッシュ・フロー計算書における「営業活動によるキャッシュ・フロー」区分の表示実態は，以下のとおりである。

日本の実務の動向

年　　度	直接法による表示	間接法による表示	合　　計
2000年度	0社	300社	300社
2001年度	0社	300社	300社
2002年度	0社	300社	300社
2003年度	0社	300社	300社
2004年度	0社	300社	300社
2005年度	0社	300社	300社
2006年度	0社	300社	300社

（出所）日本公認会計士協会編『決算開示トレンド』〈平成13年版−平成19年版〉，中央経済社，2001年−2007年。）なお，当該動向情報が2006年度以降無いのは，当該書籍が2007年以降出版されていないためである。また，日本公認会計士協会が同様の動向を記した書物は，他に無いものと思われる。

つまり，実務上は，間接法による表示が圧倒的に多く，直接法による表示は，理論的には推奨されるものの，皆無であることを示している。

摘　要	項　目　の　例
主たる営業活動取引	商品および役務の販売による収入 商品および役務の購入による支出 従業員および役員に対する報酬の支出など
その他の活動取引	災害による保険金収入 損害賠償金の支払 法人税等の支払など

　また，利息および配当金に関連するキャッシュ・フローについては，下記のように二つの方法がある。これらのうちいずれの方法を採用するかについては選択適用が認められるが，選択したものについては，その継続適用を求めている。

　この利息および配当金に関連するキャッシュ・フローも，その他の活動取引によるものとみなされる。

摘要	関連項目	方法①	方法②
利息の受取額	受取利息	営業活動による キャッシュ・フロー	投資活動による キャッシュ・フロー
配当金の受取額	受取配当金		
利息の支払額	支払利息		財務活動による キャッシュ・フロー
配当金の支払額	支払配当金	財務活動による キャッシュ・フロー	

（3）営業活動によるキャッシュ・フローの表示方法

　「連結キャッシュ・フロー計算書等の作成基準」は，「営業活動によるキャッシュ・フロー」区分の表示方法について，直接法と間接法の二つの方法から選択適用することを要求している（補足1 [R-93]）。この選択適用の条件は，継続して適用することである。

① 直　接　法

　直接法は，商品・製品の販売や商品・原材料の仕入れといった企業の主たる営業活動取引によるキャッシュ・フローと，その他の活動取引によるキャッシュ・フローを主要な取引ごとに総額で表示する方法である。それに対して，後に説明する間接法は，当期純利益にキャッシュの流入・流出を伴わない非資金項目を加減することによってキャッシュ・フロー額を算出し，表示する。

　直接法による表示方法は，まず，主たる営業活動取引によるキャッシュ・フローを主要な取引ごとに総額で記載し，それらを「小計」の行において集計する。

　次にこの「小計」の下に，その他の活動取引によるキャッシュ・フローを主要な取引ごとに総額で表示する。しかし，これらのその他の活動取引は集計しない。

解説1

直接法による主たる営業活動による営業収入キャッシュ・フロー（設例1の解説）

（解き方1）

以下の（ⅰ）から（ⅲ）の手順によって，営業収入額が求められる。

（ⅰ）資料①の仕訳のうち，実際に現金の動き（増加）のあったものだけが営業収入に
　　　なる。そのため売掛金による売上高600万円は，営業収入には含めない。

（ⅱ）資料②の売掛金期首残高600万円に，資料①の売上による売掛金増加額600万円を
　　　加算したものから，資料②の売掛金期末残高700万円を減算したものが，当期の売
　　　掛金回収額（現金の増加額）500万円となる。

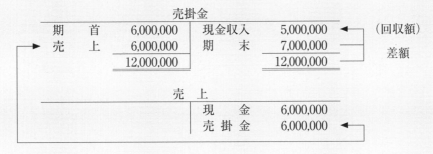

（ⅲ）（ⅰ）と（ⅱ）の現金増加額を加算したものが，営業収入額となる。

　　　　600万円+500万円＝1,100万円

　　　すなわち，営業収入＝現金売上高+売上債権回収額　となる。

（解き方2）

営業収入＝売上高1,200万円−売上債権の期間増加額（期末残高−期首残高）100万円

　　　　＝1,100万円

最後に，主たる営業活動取引によるキャッシュ・フローとその他の活動取引によるキャッシュ・フローの合計を「営業活動によるキャッシュ・フロー」として記載する。その様式は，下記のとおりである。

```
Ⅰ  営業活動によるキャッシュ・フロー
   営   業   収   入                        xxx
   原材料又は商品の仕入支出                   －xxx
   人   件   費   支   出                   －xxx
   そ の 他 の 営 業 支 出                   －xxx
                    小   計                xxx
   利 息 及 び 配 当 金 の 受 取 額             xxx
   利   息   の   支   払   額             －xxx
   損 害 賠 償 金 の 支 払 額               －xxx
        ・    ・    ・                     xxx
   法 人 税 等 の 支 払 額                 －xxx
営業活動によるキャッシュ・フロー              xxx
```

このように直接法は，企業の営業活動に区分されるキャッシュ・フロー（キャッシュの増減）を直接に表示する方法である。

それでは主たる営業活動取引およびその他の活動取引によるキャッシュ・フローの計算方法について，具体的に設例によって見ていくこととする。

設例1

以下の資料より，主たる営業活動による営業収入キャッシュ・フローを求めなさい（**解説1 [R-94]**）。

資料

①商品の売上に関する仕訳

（借方）現　金　6,000,000　　（貸方）売　上　12,000,000

売掛金　6,000,000

②貸借対照表（一部）（単位：円）

資　産	期　首	期　末
売掛金	6,000,000	7,000,000

設例2

以下の資料より，主たる営業活動による営業支出キャッシュ・フローのうち，仕入支出と人件費支出を求めなさい（**解説2 [R-95]**）。

解説 2

直接法による主たる営業活動による営業支出キャッシュ・フロー（設例 2 の解説）

（解き方 1 ）
○商品の仕入支出：以下の（ i ）から（ iii ）の手順によって，商品の仕入支出額が求められる。
（ i ） 資料①の仕訳のうち，実際に現金の動き（減少）のあったものだけが仕入支出である。そのため買掛金による仕入高365万円は，仕入支出とはならない。
（ ii ） 資料③の買掛金期首残高400万円に，資料①の仕入による買掛金増加額365万円を加算したものから，資料③の買掛金期末残高415万円を減算したものが，当期の買掛金支払額（現金の減少額）350万円となる。

（ iii ）（ i ）と（ ii ）の現金減少額の合計が，商品の仕入支出額となる。
　　　365万円+350万円＝715万円
　　すなわち，仕入支出＝現金仕入高+仕入債務支払額となる。

○人件費支出：当期において，実際に現金の動き（減少）のあったものだけが人件費支出額となる。したがって，人件費支出額は，資料②の仕訳より，期中に生じた70万円のみである。

（解き方 2 ）
　仕入支出＝仕入高730万円-仕入債務期中増加額（期末残高-期首残高）15万円
　　　　　　＝715万円

資　料

①商品の仕入に関する仕訳

(借方) 仕　入　　　7,300,000　　　(貸方) 現　金　　　3,650,000

買掛金　　　3,650,000

②給料に関する仕訳

期中仕訳：

(借方) 給　料　　　700,000　　　(貸方) 現　金　　　700,000

決算整理仕訳：

(借方) 給　料　　　300,000　　　(貸方) 未払給料　　　300,000

③貸借対照表 (一部) (単位：円)

負　債	期　首	期　末
買 掛 金	4,000,000	4,150,000
未払給料	―	300,000

　以上説明してきたように，直接法は，企業の活動取引別に，キャッシュ・フローを総額で表示するため，何が原因で，どれだけの収入や支出があったのかについて把握することができるという長所がある。しかしこの方法は，活動取引ごとにキャッシュ・フローを表示するための処理が必要となり，手間やコストがかかるという短所がある。

②　間　接　法

　間接法は，税金等調整前当期純利益に非資金損益項目，営業活動に係る資産および負債の増減を加減して表示する方法である。つまり間接法は，損益計算書に表示される「税金等調整前当期純利益」を実際にキャッシュの流入・流出を伴ったかどうかの観点から調整して，営業活動取引によるキャッシュ・フローを表示する方法である。その様式は，下記のとおりである。

```
Ⅰ　営業活動によるキャッシュ・フロー
　　税 金 等 調 整 前 当 期 純 利 益　　　　　　　　　　xxx
　　減　価　償　却　費　　　　　　　　　　　　　　　　xxx
　　貸 倒 引 当 金 の 増 加 額　　　　　　　　　　　　　xxx
　　受 取 利 息 及 び 受 取 配 当 金　　　　　　　　　　−xxx
　　支　　払　　利　　息　　　　　　　　　　　　　　　xxx
　　為　　替　　差　　損　　　　　　　　　　　　　　　xxx
　　有 形 固 定 資 産 売 却 益　　　　　　　　　　　　　−xxx
```

解説3

直接法表示と間接法表示の対比

「営業活動によるキャッシュ・フロー」区分の表示方法としての直接法と間接法を簡単な設例によって対比的に示してみよう。

以下の資料をもとに，①直接法によるキャッシュ・フロー計算書と，②間接法によるキャッシュ・フロー計算書（ともに「営業活動によるキャッシュ・フロー」区分のみ）を作成しなさい。

（資料1）財務諸表

貸借対照表　　　（単位：万円）

資産	期首	期末	負債・純資産	期首	期末
現　　金	295	660	買　掛　金	300	250
売　掛　金	500	600	借　入　金	200	200
貸倒引当金	△25	△30	資　本　金	1,000	1,000
商　　品	600	500	当期純利益	—	400
有価証券	100	100			
備　　品	40	40			
減価償却累計額	△10	△20			
	1,500	1,850		1,500	1,850

損益計算書　　　（単位：万円）

費用	金額	収益	金額
売上原価	1,500	売上高	2,500
給　料	500	受取配当金	10
貸倒引当金繰入	5		
減価償却費	10		
支払家賃	80		
支払利息	15		
当期純利益	400		
	2,510		2,510

損 害 賠 償 損 失	xxx
売 上 債 権 の 増 加 額	− xxx
た な 卸 資 産 の 減 少 額	xxx
仕 入 債 務 の 減 少 額	− xxx
・ ・ ・ ・ ・ ・	xxx
小 計	xxx
利 息 及 び 配 当 金 の 受 取 額	xxx
利 息 の 支 払 額	− xxx
損 害 賠 償 金 の 支 払 額	− xxx
	xxx
法 人 税 等 の 支 払 額	− xxx
営業活動によるキャッシュ・フロー	xxx

（a）間接法における営業活動によるキャッシュ・フローの算出手順

　間接法によるキャッシュ・フロー計算書は，具体的には当期純利益を出発点として損益計算書項目および期首と期末の貸借対照表の変動項目を加減して作成される。その作成方法は，まず税金等調整前当期純利益から営業利益を導き出し，次に営業利益から本来の営業活動によるキャッシュ・フローを導き出すように調整する。

　すなわち，まず損益計算書の「税金等調整前当期純利益」から営業活動に関係のない「営業外収益」，「営業外費用」，「特別利益」および「特別損失」の諸項目を控除して「営業利益」を導き出す。

　次に，この「営業利益」に非資金損益項目および営業活動に係る資産・負債の増減項目を加減して，本来の営業活動によるキャッシュ・フローを導き出す。ここまでが上記の様式における「税金等調整前当期純利益」から「小計」までの部分である。

　「小計」より下の部分で示されるその他の活動取引によるキャッシュ・フローの導き方，およびその表示方法は，直接法によるキャッシュ・フロー計算書で示したものと同様である。

（b）当期純利益から営業活動によるキャッシュ・フローへの調整

　営業活動によるキャッシュ・フローを算出するために当期純利益に加減される項目（調整項目）をまとめると，下記のとおりである。

　主たる調整項目について説明しよう。

　有価証券売却損益等の営業外損益および有形固定資産売却損益等の特別損益は，営業活動に関係しない損益である。そのため当該項目は，営業活動によるキャッシュ・フローから除外するために，「税金等調整前当期純利益」に加減する必要がある（収益・利益は減算し，費用・損失は加算する）。

（資料２）期中の取引（決算整理仕訳を含む）（単位：万円）

	借　方　科　目	金　額	貸　方　科　目	金　額
①	仕　　　　　入	1,400	買　　掛　　金	1,400
②	売　　掛　　金	2,500	売　　　　　上	2,500
③	現　　　　　金	2,400	売　　掛　　金	2,400
④	買　　掛　　金	1,450	現　　　　　金	1,450
⑤	給　　　　　料	500	現　　　　　金	500
⑥	支　払　家　賃	80	現　　　　　金	80
⑦	支　払　利　息	15	現　　　　　金	15
⑧	現　　　　　金	10	受　取　配　当　金	10
⑨	仕　　　　　入	600	繰　越　商　品	600
	繰　越　商　品	500	仕　　　　　入	500
⑩	貸倒引当金繰入	5	貸　倒　引　当　金	5
⑪	減　価　償　却　費	10	減　価　償　却　累　計　額	10

（資料３）その他の資料
（１）商品の仕入および売上は，すべて掛けで行なわれている。
（２）受取配当金および支払利息に係るキャッシュ・フローは，「営業活動によるキャッシュ・フロー」区分に表示する。

解答①：直接法によるキャッシュ・フロー計算書

キャッシュ・フロー計算書（単位：万円）
Ⅰ　営業活動によるキャッシュ・フロー

営　業　収　入	2,400
商　品　の　仕　入　支　出	−1,450
人　件　費　支　出	−500
そ　の　他　の　営　業　支　出	−80
小　計	370
配　当　金　の　受　取　額	10
利　息　の　支　払　額	−15
営業活動によるキャッシュ・フロー	365

（解き方）
○営業収入：
　キャッシュ・フロー計算書に示される営業収入は，商品の売上に関する実際の現金収入分である。そのため，求める金額は，上記（資料１）損益計算書の売上高や（資料２）の②による掛売上分ではなくて，③の掛売上の回収分となる。
○商品の仕入支出：
　キャッシュ・フロー計算書に示される商品の仕入支出は，商品の仕入に関する実際の現金支出分である。そのため，求める金額は，上記（資料１）損益計算書の売上原価額や

間接法において当期純利益に加減される調整項目(L1)

摘　要			調整項目の例	増加・減少	調整
損益計算書項目	営業活動に関係のない項目	営業外収益	有価証券売却益	―	減算
		営業外費用	有価証券売却損	―	加算
		特別利益	有形固定資産売却益	―	減算
		特別損失	有形固定資産売却損	―	加算
	営業損益計算に含まれる項目	非資金損益項目	減価償却費	―	加算
			引当金	増加額	
				減少額	減算
貸借対照表項目	営業活動に係る項目	流動資産	売上債権 棚卸資産	増加額	減算
				減少額	加算
		流動負債	仕入債務	増加額	加算
				減少額	減算

　減価償却費や引当金繰入額（戻入額）は，損益計算書では費用（収益）として計上され，利益の計算に含められているが，キャッシュが流出（流入）するわけではない。このような項目は，非資金損益項目と呼ばれ，営業活動によるキャッシュ・フローの計算では加算（減算）する必要がある。

　また，貸借対照表を資金面からみた場合，資産は資金の運用を表し，負債および純資産は資金の調達源泉を表す。そのため営業活動に係る流動資産は，それが増加するとそれだけキャッシュが減少することを意味し，逆にそれが減少すると，その分キャッシュが増加したことを意味する。そのため営業活動によるキャッシュ・フローの計算では，流動資産の増加は減算し，減少は加算する必要がある。同様に流動負債の増加は加算し，減少は減算する必要がある。

　間接法は，上述のように税金等調整前当期純利益と営業活動によるキャッシュ・フローの差異を調整し，この調整項目を列挙表示することから，会計上の利益とキャッシュ・フローとの関係が明示されるという長所がある。しかし逆にいえば，この表示方法はキャッシュ・フローそのものを捉えていないという短所がある（**解説3** ［*R–96*]）。

　それでは次に，間接法における営業活動によるキャッシュ・フローの算出の仕方について，設例を通して見ていこう。

（資料2）の①による掛仕入分ではなくて，④の掛仕入代金の支払分となる。

○人件費支出：

上記（資料1）損益計算書上の給料項目は，（資料2）の⑤より実際の現金支出分であるので，その金額を人件費支出分としてキャッシュ・フロー計算書に計上する。

○その他の営業支出：

この設例におけるその他の営業支出は，上記（資料2）の⑥による家賃支払分だけであるので，その金額をキャッシュ・フロー計算書に計上する。

○配当金の受取額：

上記（資料1）損益計算書上の受取配当金項目の額は，（資料2）の⑧により全額実際の現金収入分であるので，キャッシュ・フロー計算書において配当金の受取額とする。

受取配当金は，その性質上営業損益計算の対象とならない取引であるが，（資料3）（2）より「営業活動によるキャッシュ・フロー」区分に表示しなければならないので，キャッシュ・フロー計算書上，小計より下の部分に，投資活動および財務活動以外の取引として表示される。

○利息の支払額：

上記（資料1）損益計算書上の支払利息項目の額は，（資料2）の⑦により全額実際の現金支出分であるので，キャッシュ・フロー計算書において利息の支払額とする。支払利息は，その性質上，営業損益計算の対象とならない取引であるが，（資料3）（2）より「営業活動によるキャッシュ・フロー」区分に表示しなければならないので，キャッシュ・フロー計算書上，小計より下の部分に，投資活動および財務活動以外の取引として表示される。

解答②：間接法によるキャッシュ・フロー計算書

キャッシュ・フロー計算書（単位：万円）	
Ⅰ　営業活動によるキャッシュ・フロー	
税金等調整前当期純利益	400
減価償却費	10
貸倒引当金の増加額	5
受取配当金	−10
支払利息	15
売上債権の増加額	−100
たな卸資産の減少額	100
仕入債務の減少額	−50
小計	370
配当金の受取額	10
利息の支払額	−15
営業活動によるキャッシュ・フロー	365

（解き方）

○税金等調整前当期純利益：

まず，営業利益は，先に（a）で述べたように，考え方としては当期純利益から営業外損益および特別損益を加減して求められるが，通常，損益計算書では「営業利益」として示されている。そこで，その営業利益に非資金項目等を加減して営業活動によるキャッシュ・フローを算出することになる。

設例3

以下の資料より，非資金損益項目および営業活動に係る資産・負債の増減額を調整して，損益計算書の営業利益から営業活動によるキャッシュ・フローを導く過程を示しなさい（**解説4 [R-100]**）。

資 料

①損益計算書（一部）（単位：万円）

　Ⅲ　販売費及び一般管理費

給　　　　料	100	
貸倒引当金繰入	3	
減価償却費	135	238
営 業 利 益		262

②貸借対照表（一部）（単位：万円）

資　産	期　首	期　末	負　債	期　首	期　末
売 掛 金	600	700	買 掛 金	400	415
商　　品	150	180	未払給料	—	30

2　投資活動によるキャッシュ・フロー

（1）投資活動によるキャッシュ・フローの分類

「連結キャッシュ・フロー計算書等の作成基準」は，「投資活動によるキャッシュ・フロー」の区分において，固定資産の取得および売却，現金同等物に含まれない短期投資の取得および売却等によるキャッシュ・フローの記載を要求している。

摘要	項目の例
設備投資の取引	有形固定資産および無形固定資産の売却による収入 有形固定資産および無形固定資産の取得による支出
証券投資の取引	有価証券（現金同等物を除く）および投資有価証券の売却による収入 有価証券（現金同等物を除く）および投資有価証券の取得による支出
融 資 の 取 引	貸付金の回収による収入 貸付けによる支出

上記（資料1）の損益計算書に示されている当期純利益を当該金額とする。

○減価償却費：

　減価償却費は，非資金損益項目であるので，キャッシュ・フロー計算書においては「税金等調整前当期純利益」に加算する。

　なお，非資金損益項目とは，損益計算には影響を及ぼすが，キャッシュの動きを伴わないものをいう。そのため減価償却費は，損益計算では費用として計上されるが，キャッシュの動きを伴わないので，キャッシュ・フロー計算書では，その修正を図るため加算する（費用で減算したものを加え戻す）必要があるのである。

　減価償却費の金額は，上記（資料1）の損益計算書，あるいは（資料2）の⑪より求められる。

○貸倒引当金の増加額：

　貸倒引当金は，非資金損益項目であるので，その増加額は，キャッシュ・フロー計算書においては「税金等調整前当期純利益」に加算する。

　貸倒引当金の増加額は，上記（資料1）の損益計算書上の貸倒引当金繰入項目，あるいは（資料2）の⑩より求められる。

○受取配当金：

　受取配当金は，営業活動に関係のない「営業外収益」（損益計算書上）項目であるので，キャッシュ・フロー計算書においては「税金等調整前当期純利益」から減算する。しかし，当該項目は，上記（資料2）の⑧により全額実際の現金収入分であり，かつ（資料3）（2）より，「営業活動によるキャッシュ・フロー」区分に表示しなければならないので，キャッシュ・フロー計算書上，小計より下の部分に配当金の受取額として表示される。

　受取配当金は，上記（資料1）の損益計算書あるいは，（資料2）の⑧より求められる。

○支払利息：

　支払利息は，営業活動に関係のない「営業外費用」（損益計算書上）項目であるので，キャッシュ・フロー計算書においては「税金等調整前当期純利益」に加算する。しかし，当該項目は，上記（資料2）の⑦により全額実際の現金支出分であり，かつ（資料3）（2）より，「営業活動によるキャッシュ・フロー」区分に表示しなければならないので，キャッシュ・フロー計算書上，小計より下の部分に利息の支払額として表示される。

　支払利息は，上記（資料1）の損益計算書あるいは，（資料2）の⑦より求められる。

○売上債権の増加額：

　売上債権の増加額は，売上代金の回収が遅れたため，その分キャッシュが減少したことになる（資金の運用が増加した）。

　売上債権の増加額とは，上記（資料1）貸借対照表より売掛金の増加額である。

○たな卸資産の減少額：

　たな卸資産の減少額は，たな卸資産に対する資金の運用が減少したので，その分キャッシュが増加したことになる（資金の運用が減少した）。

　たな卸資産の減少額とは，上記（資料1）貸借対照表より商品の減少額である。

○仕入債務の減少額：

　仕入債務の減少額は，仕入債務の支払いが行われたため，その分キャッシュが減少した

　「投資活動によるキャッシュ・フロー」の区分は，前頁のように固定資産への投資や証券投資に関連するキャッシュ・フローに分類される（**補足2**［*R-100*]）。

　なお，キャッシュ・フロー計算書を用いた経営分析手法の一つとして，営業活動によるキャッシュ・フローと投資活動によるキャッシュ・フローを組み合わせたフリー・キャッシュ・フロー指標による分析がある（**補足3**［*R-101*]）。このフリー・キャッシュ・フローは，キャッシュ・フロー経営の重要性が唱えられている昨今において重要視されている指標である。

（2）投資活動によるキャッシュ・フローの表示方法

　「連結キャッシュ・フロー計算書等の作成基準」は，「投資活動によるキャッシュ・フロー」区分の表示方法について，主要な取引ごとにキャッシュ・フローを総額で表示する直接法を要求している。様式は，下記のとおりである。

Ⅱ　投資活動によるキャッシュ・フロー	
有価証券の取得による支出	－xxx
有価証券の売却による収入	xxx
有形固定資産の取得による支出	－xxx
有形固定資産の売却による収入	xxx
投資有価証券の取得による支出	－xxx
投資有価証券の売却による収入	xxx
貸付けによる支出	－xxx
貸付金の回収による収入	xxx
・・・・・・	xxx
投資活動によるキャッシュ・フロー	xxx

設例4

　以下の資料より，投資活動によるキャッシュ・フロー額を求めなさい（**解説5**［*R-101*]）。

　資料

　　①貸借対照表（一部）

（単位：万円）

資産	期首	期末
有形固定資産	1,000	2,500

ことになる（資金の調達源泉が減少した）。

　仕入債務の減少額とは，上記（資料１）貸借対照表より買掛金の減少額である。

解説４

間接法による営業活動によるキャッシュ・フローの求め方（設例３の解説）

（解き方）

　「営業利益」から本来の営業活動によるキャッシュ・フローを導くには，非資金損益項目を加算し，営業活動に係る資産・負債の増減額を加減する必要がある。具体的には，まず「営業利益」に「貸倒引当金の増加額（繰入額）」および「減価償却費」を加算する。そしてその金額から「売掛金の増加額」および「商品の増加額」を減算し，「買掛金の増加額」および「未払給料の増加額」を加算する。

	営　業　利　益	262
非資金損益項目の調整	貸倒引当金の増加額	3
	減　価　償　却　費	135
		400
営業活動に係る資産・負債の増減額の調整	売　掛　金　の　増　加　額	−100
	商　品　の　増　加　額	−30
	買　掛　金　の　増　加　額	15
	未払給料の増加額	30
	営業活動によるキャッシュ・フロー	315

補足２

資産除去債務のキャッシュ・フロー計算書上の取扱い

　日本において，2010年４月１日以降開始の事業年度から資産除去債務会計の適用が義務付けられることとなった。その結果，資産除去債務を実際に履行した場合，その支出額についてはキャッシュ・フロー計算書上「投資活動によるキャッシュ・フロー」の項目として取り扱うこととなる（企業会計基準適用指針第21号「資産除去債務に関する会計基準の適用指針」第12項）。

　ちなみに，重要な資産除去債務を計上したときは，キャッシュ・フロー計算書に「重要な非資金取引」として注記を行う（同適用指針第13項）としている。

②その他のデータ

11月1日に有形固定資産を購入した（期末は3月31日）。

3　財務活動によるキャッシュ・フロー

（1）財務活動によるキャッシュ・フローの分類

　「連結キャッシュ・フロー計算書等の作成基準」は，「財務活動によるキャッシュ・フロー」の区分において，資金の調達および返済によるキャッシュ・フローの記載を要求している。

　「財務活動によるキャッシュ・フロー」の区分は，下記のように分類される。

摘要	項目の例
借入の取引	短期借入れおよび長期借入れによる収入 短期借入金および長期借入金の返済による支出
社債の取引	社債の発行による収入 社債の償還による支出
株式の取引	株式の発行による収入 自己株式の取得による支出 配当金の支払

（2）財務活動によるキャッシュ・フローの表示方法

　「連結キャッシュ・フロー計算書等の作成基準」は，「財務活動によるキャッシュ・フロー」の表示方法について，「投資活動によるキャッシュ・フロー」と同様，直接法による記載を要求している。様式は，下記のとおりである。

```
Ⅲ　財務活動によるキャッシュ・フロー
　　短期借入れによる収入　　　　　　　xxx
　　短期借入金の返済による支出　　　　－xxx
　　長期借入れによる収入　　　　　　　xxx
　　長期借入金の返済による支出　　　　－xxx
　　社債の発行による収入　　　　　　　xxx
　　社債の償還による支出　　　　　　　－xxx
　　株式の発行による収入　　　　　　　xxx
　　自己株式の取得による支出　　　　　－xxx
　　・・・・・・　　　　　　　　　　　xxx
　　財務活動によるキャッシュ・フロー　xxx
```

補足3

フリー・キャッシュ・フローの算出方法

　フリー・キャッシュ・フローとは，企業の本業によって得られたキャッシュ・フローから企業の生産能力の現状維持に必要とされるキャッシュ・フローを差し引いた金額である。すなわちフリー・キャッシュ・フローとは，企業が自由に使えるキャッシュということである。そのためフリー・キャッシュ・フローは，一般にその金額が多ければ多いほど良いとされる。

　フリー・キャッシュ・フローは以下の算式で算出される。

フリー・キャッシュ・フロー	=	営業活動によるキャッシュ・フロー	−	現在の生産能力を維持するためのキャッシュの支出	−	配当金の支払額

　しかし，実際にフリー・キャッシュ・フローを測定することは容易ではないので，以下のような簡便法を用いる場合もある。

（簡便法）

フリー・キャッシュ・フロー	=	営業活動によるキャッシュ・フロー	−	投資活動によるキャッシュ・フロー

解説5

投資活動によるキャッシュ・フローの求め方（設例4の解説）

（解き方）

　資料①の貸借対照表による有形固定資産の期首と期末の差額，あるいは資料②のその他のデータより，当期に有形固定資産が1,500万円増加したことが分かる。また資料①の貸借対照表に未払金の記録がないことから，この有形固定資産は現金で購入したこととなる。その他投資活動に係る資料がないことから，投資活動によるキャッシュ・フローに関する取引は，この有形固定資産の増加のみとなる。

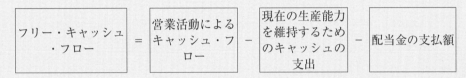

有形固定資産

期　　首	1,000	期末残高	2,500
現金支出	1,500		

　したがって，投資活動によるキャッシュ・フローの金額は，−1,500万円となる。

設例 5

　以下の資料より財務活動によるキャッシュ・フロー額を求めなさい（**解説 6**［**R-102**］）。

　資　料

①貸借対照表（一部）

（単位：万円）

負　債	期　首	期　末
借　入　金	―	1,500

②その他のデータ

　11月1日に，利率年8％，借入期間1年の条件で借入金1,500万円を借り入れた。

　なお，利息の支払額については営業活動によるキャッシュ・フローの区分で表示する。

4　現金及び現金同等物に係る換算差額

　現金及び現金同等物に係る換算差額とは，外貨の換算差額（損益）のことである。「連結キャッシュ・フロー計算書等の作成基準」は，それを他と区別して表示することを要求している。換算差額項目のうちキャッシュ・フローをともなうものについては，キャッシュ・フロー計算書に反映させなければならないが，これは企業の活動別によるキャッシュ・フローではなく，外貨を円に換算したキャッシュそのものの増減なので「営業活動によるキャッシュ・フロー」，「投資活動によるキャッシュ・フロー」，および「財務活動によるキャッシュ・フロー」とは区別して表示しなければならないということである。

　現金及び現金同等物に影響を及ぼさない換算差額については，キャッシュ・フロー計算書に反映させてはならない。

設例 6

　以下の資料より，現金及び現金同等物に係る為替差額を求めなさい（**解説 7**［**R-102**］）。

解説 6

財務活動によるキャッシュ・フローの求め方（設例5の解説）

（解き方）

　資料①の貸借対照表による借入金の期首と期末の差額，あるいは資料②のその他のデータより，当期に借入金によるキャッシュ・フローの増加額は1,500万円であることが分かる。

	借入金		
期末残高	1,500	期　　首	0
		現金収入	1,500

　したがって，財務活動によるキャッシュ・フローの金額は，1,500万円となる。

解説 7

現金及び現金同等物に係る換算差額の求め方（設例6の解説）

（解き方）

　資料①から為替差益は，3万円となっているが，これは資料②から期末における外貨預金の換算替えによるものであることがわかる。したがって，金額は3万円であり，キャッシュ・フローの増加を伴うため，キャッシュ・フロー計算書に表示する。

資　料

①損益計算書（一部）

(単位：万円)

```
             ・・・
             ・・・      ────────
        営業利益       262
    営業外収益
      為　替　差　益       3
```

②為替差益は，外貨預金の期末換算替えによる換算差額である。

5　重要な非資金取引

「連結キャッシュ・フロー計算書等の作成基準」は，重要な非資金取引について，注記において表示しなければならないとしている。

重要な非資金取引とは，企業の財政状態に重要な影響を与えるが，キャッシュ・フローを伴わない取引のうち，翌会計期間以降のキャッシュ・フローに重要な影響を与える取引をいう[L2]。重要な非資金取引の例は，以下のとおりである。

(a)　転換社債の転換

(b)　ファイナンス・リースによる資産の取得

(c)　株式の発行による資産の取得又は合併

(d)　現物出資による株式の取得又は資産の交換

以上説明してきたように，キャッシュ・フロー計算書は，当該会計期間に実際に生じたキャッシュの流出入（増減）を，営業活動，投資活動，および財務活動の事業活動と換算差額に区分して表示するものである。キャッシュ・フロー計算書は，損益数値によっては直接的には表示しにくい企業の経営活動あるいは状況を表示するとともに，判断と評価を伴う数値を多く含む損益会計制度を会計構造的に支える意味も持っていると考える（**研究1 [R-103]**）。

注
(L1) 内藤文雄『財務諸表論』税務経理協会，2005年，148—149頁，および片山覚，井出健二郎，髙久隆太，成岡浩一，山内暁『入門会計学』実教出版，2009年，126頁などを参考に作成した。
(L2) 「連結財務諸表等におけるキャッシュ・フロー計算書の作成に関する実務指針」第24項。

研究 1

財務諸表の表示に関する現在の研究状況

　アメリカ財務会計基準審議会（FASB）と国際会計基準審議会（IASB）は，より有用な財務報告を開発するための作業を共同プロジェクトとして行っている。その共同プロジェクトの一つに「財務諸表の表示」がある。

　このプロジェクトの2010年4月時点での暫定的結論として，キャッシュ・フロー計算書に関係するものは，以下のとおりである[R1]。

　1．財務諸表間の表示に整合性をもたせる。具体的には以下の表のごとくである。

財政状態計算書	包括利益計算書	キャッシュ・フロー計算書
事業部門	事業部門	事業部門
営業活動区分	営業活動区分	営業活動区分
営業的財務活動区分	営業的財務活動区分	
投資活動区分	投資活動区分	投資活動区分
財務部門	財務部門	財務部門
借入区分	借入区分	
持分区分		
	複数区分取引部門	複数区分取引部門
法人税区分	法人税区分	法人税区分
非継続活動区分	非継続活動区分（税引後）	非継続活動区分
	その他の包括利益（税引後）	

　このように財務諸表間における構造の整合性が図られている。すなわち，財務諸表間における表示部門および区分を統一しようとしている。なお，貸借対照表についてはその名称を財政状態計算書とし，損益計算書は包括利益計算書としている。

　2．キャッシュ・フロー計算書におけるキャッシュの範囲を現金に限定している。

　3．営業活動区分（現行は営業活動によるキャッシュ・フロー区分）の表示方法は，直接法に限定している。間接法による表示は，廃棄するのではなく注記として表示しなければならない。

注
（R1）IFRS, *Financial Statement Presentation*, Staff draft of an exposure draft, 2010.

<h2>索　引</h2>

か行

執筆者紹介

加藤　盛弘　同志社大学名誉教授　博士（商学）（同志社大学）
〔担　当〕第 1 章，第 2 章
〔主要著書および論文〕
『負債拡大の現代会計』（森山書店，2006年）
『現代の会計原則』〔改訂増補版〕（森山書店，1987年）

志賀　　理　同志社大学商学部教授　博士（商学）（同志社大学）
〔担　当〕第 3 章，第 5 章，第10章，第12章
〔主要著書および論文〕
『会計認識領域拡大の論理』（森山書店，2011年）
「FASB概念フレームワーク改訂プロジェクトにおける『財務諸表の諸要素』」（『會計』第200巻第 3 号，2021年）

上田　幸則　名古屋学院大学商学部教授
〔担　当〕第12章
〔主要著書および論文〕
「金融負債における公正価値オプション会計のもつ意味」（『名古屋学院大学論集社会科学篇』第50巻第 2 号，2013年）
「ストック・オプション会計における認識領域の拡大」（村瀬儀祐・志賀理共編著『加藤盛弘教授古稀記念論文集』森山書店，2007年）

川本　和則　岡山商科大学経営学部教授　博士（商学）（同志社大学）
〔担　当〕第 7 章，第 8 章，第 9 章，第13章
〔主要著書および論文〕
『G4+1報告書と将来事象会計の展開』（岡山商科大学学術研究叢書8，岡山商科大学，2007年）
「会計基準の国際的収斂と将来事象会計の導入—IASB非金融負債会計公開草案を中心に—」（村瀬儀祐・志賀理共編著『加藤盛弘教授古稀記念論文集』森山書店，2007年）

山内高太郎　高知大学大学教育研究部人文社会科学系人文社会科学部門教授
〔担　当〕第 4 章
〔主要著書および論文〕
「証券化の会計における公正価値測定の選択適用の導入」（村瀬儀祐・志賀理共編著『加藤盛弘教授古稀記念論文集』森山書店，2007年）
「金融商品会計基準と資産概念」（加藤盛弘編著『現代会計の認識拡大』森山書店，2005年）

豊岡　　博　名古屋学院大学商学部教授
〔担　当〕第14章
〔主要著書および論文〕
「リストリクテッド・ストックとキャッシュ・フローの関係」（『名古屋学院大学論集　社会科学篇』第57巻第1号，2020年）
「キャッシュ・フロー計算書の基本財務諸表化の意味」（『會計』第186巻第 5 号，2014年）

陶　　静　岡山商科大学経営学部教授　博士（商学）（同志社大学）
〔担　当〕第11章
〔主要著書および論文〕
「中国『企業会計準則』の現状―改訂・新訂を中心に―」（『岡山商大論叢』第53巻第 2 号，2017年）
「中国の『小企業会計準則』についての研究」（『同志社商学』第65巻第 4 号，2014年）

内田　浩徳　岡山商科大学経営学部教授
〔担　当〕第 6 章
〔主要著書および論文〕
「非公開会社におけるのれんと識別可能な無形固定資産に係る会計基準適用による影響」（『岡山商大論叢』第56巻第 3 号，2021年）
「アメリカ税効果会計における繰延税金資産計上機会拡大と評価性引当金の機能―年金会計・退職後医療給付会計に焦点を当てて―」（『會計』第182巻 5 号，2012年）

かいけいがく き ほん
会計学の基本　第3版

2009年 5 月20日　　初版第 1 刷発行
2013年 5 月29日　　第 2 版第 1 刷発行
2022年 4 月15日　　第 3 版第 1 刷発行
2024年 8 月20日　　第 3 版第 2 刷発行

執筆者代表　　　©加　藤　盛　弘

発行者　　　　　菅　田　直　文

発行所　有限
　　　　会社　森山書店　　東京都千代田区神田司町
　　　　　　　　　　　　　2-17上田司町ビル
　　　TEL 03-3293-7061　FAX 03-3293-7063　振替口座 00180-9-32919

落丁・乱丁本はお取りかえします　　　印刷／製本・シナノ書籍印刷

本書の内容の一部あるいは全部を無断で複写複製する
ことは，著作権および出版社の権利の侵害となります
ので，その場合は予め小社あて許諾を求めてください。

ISBN 978-4-8394-2190-8